经·济·学·论·丛

贸易开放、
企业出口行为
与城乡收入不平等

MAOYI KAIFANG、
QIYE CHUKOU XINGWEI
YU CHENGXIANG SHOURU BUPINGDENG

杨 励 曹红兰 赖 菲——— 著

知识产权出版社
全国百佳图书出版单位
—北京—

图书在版编目 (CIP) 数据

贸易开放、企业出口行为与城乡收入不平等 / 杨励，曹红兰，赖菲著. —北京：知识产权出版社，2022.7

ISBN 978 – 7 – 5130 – 8232 – 7

Ⅰ. ①贸… Ⅱ. ①杨… ②曹… ③赖… Ⅲ. ①对外贸易—关系—居民收入—收入差距—城乡差别—研究—中国 Ⅳ. ①F752②F126.2

中国版本图书馆 CIP 数据核字（2022）第 120817 号

策划编辑：蔡　虹　　　　　　　责任校对：王　岩
责任编辑：张　荣　　　　　　　责任印制：孙婷婷
封面设计：张国仓

贸易开放、企业出口行为与城乡收入不平等

杨　励　曹红兰　赖　菲　著

出版发行：**知识产权出版社** 有限责任公司		网　　址：http://www.ipph.cn		
社　　址：北京市海淀区气象路 50 号院		邮　　编：100081		
责编电话：010 – 82000860 转 8324		责编邮箱：caihongbj@ 163. com		
发行电话：010 – 82000860 转 8101/8102		发行传真：010 – 82000893/82005070/82000270		
印　　刷：北京建宏印刷有限公司		经　　销：各大网上书店、新华书店及相关专业书店		
开　　本：720mm×1000mm　1/16		印　　张：9.25		
版　　次：2022 年 7 月第 1 版		印　　次：2022 年 7 月第 1 次印刷		
字　　数：120 千字		定　　价：59.00 元		

ISBN 978 – 7 – 5130 – 8232 – 7

前　言

党的十八大以来，在以习近平同志为核心的党中央坚强领导下，中国的改革开放和社会主义现代化建设取得了举世瞩目的成就。在全面建设社会主义现代化国家新征程上，对外贸易是我国开放型经济的重要组成部分和国民经济发展的重要推动力量。党的十九届四中全会提出贯彻开放理念，建设更高水平开放型经济新体制，实施更大范围、更宽领域、更深层次的全面开放。强调协调发展，鼓励绿色贸易，严格控制高污染、高耗能产品进出口，实现可持续发展。这是提升我国综合国力和国际竞争力、服务实现"两个一百年"奋斗目标的必然要求，也是支持经济全球化和多边贸易体制，实现互利共赢，构建人类命运共同体的必然选择。《中共中央国务院关于营造企业家健康成长环境弘扬优秀企业家精神更好发挥企业家作用的意见》指出只有不断创新的企业才是有活力的企业，只有追求细节的企业才能确保产品和服务质量的稳定。要鼓励企业家弘扬工匠精神，强化以质量取胜的战略意识，鼓励企业家敢闯敢试敢为天下先，勇于承担风险。这样对于我们培育壮大更多在国际上有竞争力的企业有重要意义。党的十八大以来，以习近平同志为核心的党中央不忘初心，牢记使命，团结带领全党全国各族人民，始终朝着实现共同富裕的目标不懈努力。党中央和国务院长期以来一直密切关注贸易开放、企业出口和缩小城乡收入差距问题，这个问题的解决对于实现共同富裕的伟大目标具有十分重要的理论和现实意义。

全书分为上、下两篇。上篇研究互联网对企业出口行为的影响，下篇研究贸易开放与城乡收入不平等。

互联网在国际贸易中发挥越来越大的作用。互联网作为信息技术的代表，显著改变了传统出口企业的经营模式。互联网作为一种信息技术和商业平台，为信息供求双方提供了零距离接触的渠道，使得信息突破时空限制，高速传播与整合，经济个体可以通过互联网共享信息，并对信息进行接收、再加工，实现信息增值。在互联网与实体经济深度融合的时代，探讨互联网与微观企业出口行为的关系及其背后机理，对中国贸易强国建设具有重要现实意义。

现有文献大多从单方面角度来考察互联网对企业出口规模或出口产品质量的影响，较少将出口规模和出口产品质量结合起来，探究互联网对企业出口行为的影响。上篇基于 2004—2009 年中国海关贸易数据库与中国工业企业数据库，探讨了企业互联网使用及企业出口行为；并在此基础上，建立面板计量模型、PSM－DID 等计量实证方法，研究互联网对企业出口行为的影响及其对异质性出口企业的作用差异，并进一步对其进行交易成本渠道的机制检验，由此揭开互联网使用对企业出口的深层次影响。结果发现：①互联网的使用对出口企业出口规模、出口产品质量有显著的提升作用。企业邮箱的使用对出口企业出口规模、出口产品质量有显著的提升作用。企业邮箱的使用使得出口企业出口额增加约 11.57%，出口企业出口产品质量提升约 0.38%。同样地，企业网页的使用对出口企业出口规模、出口产品质量也有显著的提升作用。企业网页的使用使得出口企业出口额增加约 11.33%，出口企业出口产品质量提升约 0.26%。②互联网对企业出口行为的影响具有异质性，对企业特征异质性进行分样本回归得出，互联网的使用对国有企业的企业出口规模和出口产品质量的作用并不显著，而对民营企业和外资企业的企业出口规模和出口产品质量有显著提升作用。互联网对一般贸易企业出口规模的影响大于对加工贸易企业出口规模的影响。而互联网对加工贸易企业出口产品质量的影响大于对一般贸易企业出口产品质量的影响。企业邮箱的使用对于大中型企业出口规模及出口产品质量有显著促进作用，但是对小型企业的作用并不显著。③拓展分析中从交易成本视角出发，选择管理费用渠道、销售费用渠道、财务费用渠道来进行深层次机制检验。由实证结果可知，互联网主要通过管理费用渠道影响企业出口规模和出口产品质量，而销售费用渠道和财务费用渠道并不明显。

上述研究有助于更深入地了解互联网对企业出口行为的影响。上篇结论对在互联网与实体经济深度融合的时代下，识别出驱动企业出口行为改进的有效措施，以促进出口企业利用互联网提升出口能力，进而推动我国贸易强国建设。

下篇将贸易开放与城乡收入不平等纳入同一研究框架进行相关解构，根据已有关于贸易开放与城乡收入不平等之间关系以及经济增长与城乡收入不平等之间关系的研究，考虑到中国贸易开放的总体进程和区域现状、经济发展现状以及城乡收入不平等的整体和区域现状，基于国际贸易理论和经济增长理论，探讨贸易开放对城乡收入不平等的影响，并进一步探究经济发展在贸易开放影响城乡收入不平等过程中可能存在的调节效应。

下篇基于 2001—2017 年 30 个省（直辖市、自治区）的面板数据，首先，运用逐步回归法，探究了贸易开放和经济发展对城乡收入不平等的影响程度，以及引入交互项探讨经济发展水平在贸易开放影响城乡收入不平等过程中发挥的调节效应；为了确保实证结果的稳健性，下篇采用内生性的工具变量法和基于贸易开放和城乡收入不平等变量再度量的方法进行稳健性检验；其次，考虑到贸易开放的异质性以及区域发展不协调隐忧，基于贸易开放异质性和区域异质性进行实证解构；最后，为了考察城乡收入不平等不同分位点上贸易开放和经济发展的影响效应，通过条件分位数回归的方法，探讨了贸易开放和经济发展对城乡收入不平等的影响以及经济发展的调节效应。

结果表明：①贸易开放和经济发展均扩大了城乡收入不平等，并且经济发展存在调节效应，经济发展水平的提高能有效缓解贸易开放对城乡收入不平等的扩大效应，因而在贸易开放与经济发展的协同作用下，城乡收入不平等的扩大能够得到有效缓解。此外，人力资本、城市化水平和财政支出扩大了城乡收入不平等，人口结构的变动有利于缩小城乡收入不平等；②基于贸易异质性的实证研究表明，出口贸易开放和进口贸易开放均加剧了城乡收入不平等，并且出口贸易开放的加剧性影响效应更强，同时经济发展均存在显著的负向调节作用；而基于区域异质性的实证解构表明，东部、中部和西部的贸易开放均不利于城乡收入不平等的缩小，且中部的负面影响最强，西部、东部次之，同时经济发展均存在显著的负向调节作用；③贸易开放和经济发展在城乡收入不平等分布的不同分位点上的边际效应均表明，贸易开放加剧了城乡收入不平等且在分布的两端的影响效应更大，经济发展对城乡收入不平等也存在扩大作用且在城乡收入不平等的各个分位点上均存在显著的负向调节效应。

在贸易开放进程不断加快和经济中高速发展的影响下，缩小城乡收入不平等的关键，一方面在于在贸易开放影响城乡收入不平等的净效应中寻找有利于缓解城乡收入不平等的贸易开放影响机制，其主要是通过知识和技能的传播和扩散这一作用机制；另一方面在于有效发挥经济发展的调节效应，发展更高层次的开放性经济，促使贸易开放和经济发展对缩小城乡收入不平等的协同作用。因此，应持续完善中国贸易结构以推进贸易强国建设，注重区域协调发展，政府应加大对劳动力职业技能培训的资金投入，健全技能人才培养体制。

CONTENTS

目 录

上　篇
互联网对企业出口行为的影响

第 1 章 概 述

1.1 研究背景与目的

1.1.1 研究背景

出口导向型经济发展战略是我国经济发展的一大动力。自 2001 年中国加入世界贸易组织（WTO）以来，企业出口贸易得到长足发展。但近年来，随着中国劳动力成本的上升、国际政治和安全体系的变革，中国企业出口的传统比较优势逐渐削弱，亟须企业寻找新的增长动力，改变生产经营方式，以应对国际贸易新形势。党的十九大报告指出，中国经济已由高速增长阶段转向高质量发展阶段，必须坚持质量第一，推动经济发展质量变革，推进建设贸易强国。具体到对外贸易领域，高质量发展要求出口企业改变生产经营模式，加快提升出口产品技术含量，大力发展高质量、高技术、高附加值产品贸易（裴长洪和刘洪愧，2020）。

在我国，数字基础设施已经提上日程，5G 通信、物联网、云计算中心与互联网平台的建设等数字产品和服务的不断涌现，互联网使用普及率和应用场景不断增加。根据中国互联网信息中心数据显示，截至 2019 年 6 月，我国网络用户规模达到 8.54 亿，互联网普及率超过六成，达到 61.2%。通过互联网的经济活动也越来越多，网经社数据显示，中国跨境电商进出口交易规模 10 年间增长了 8 万亿元。中国跨境电子商务交易规模由 2008 年的不到 1 万亿元，增长到 2018 年的 9 万亿美元，增长态势迅猛。这些数据表明，互联网在国际贸易中发挥着越来越大的作用，互联网作为信息技术的代表，显著改变了传统出口企业的经营模式。

随着国际贸易的发展逐步迈入数字贸易阶段，越来越多的学者也开始关注互联网对国际贸易的影响。互联网作为一种信息搜索和传播技术，使得企业得以跨越时间和空间的障碍，企业利用大数据、人工智能、物联网等新兴技术手段，使信息得到整合，这些信息得以迅速、便捷地为企业所使用。互联网的信息传递的便捷性、有效性减少了企业在国际贸易中的搜寻成本与交流成本，破解信息爆炸和信息不对称难题，激励企业进行出口。作为一个信息展示平台，电子商务平台的兴起改变了海内外企业的沟通方式，买卖双方借助互联网进行低成本、高速度地进行沟通，使得企业交流成本下降（郭家堂和骆品亮，2016），进而扩大出口规模。由此可见，在互联网与工业经济持续融合的时代，探讨互联网与微观企业出口行为的关系及其背后影响机理，对中国贸易强国建设具有重要现实意义。

1.1.2 研究目的

为更深入分析互联网对我国出口贸易造成的影响，本篇从出口企业这一微观角度出发，综合考虑互联网的使用对企业出口行为的作用。本篇将企业出口规模和出口产品质量纳入同一分析框架，更全面地分析互联网的使用对企业出口行为的影响，进而为宏观经济政策效果提供一个崭新的样本和丰富已有结论，为建设贸易强国提供经验总结和参考。本篇以我国出口企业为研究对象，考虑到对于不同所有制、出口贸易方式、企业规模，受到互联网的影响各异，最终对其出口行为的影响效果很可能存在差异。基于此，本篇还考虑信息化对不同所有制企业、不同贸易方式企业、不同规模企业的异质性影响。最后，本篇从交易成本视角出发，探讨分析互联网对于企业出口行为的影响机制。通过识别互联网对出口企业行为的影响路径，以寻求更完善的激励机制，为激励企业高质量出口提供理论依据，从而为我国建设贸易强国提供参考。

1.2 研究意义

1.2.1 理论意义

本篇所研究的内容体现了不同理论的运用与拓展。首先，本篇追踪并拓展了互联网经济效应的研究和企业经营行为的前沿内容，将互联网的经济效应理论同企业经营行为理论放置于同一框架内，结合当下数字经济迅猛发展的社会背景深入探讨互联网的使用对企业出口行为的影响。

其次，本篇以国际贸易理论为基础，在互联网与我国实体经济结合愈发密切的背景下，以我国出口企业为研究对象，测度了互联网使用和企业出口行为，分析互联网的使用对企业出口行为的影响，从理论上丰富了互联网经济和企业出口行为的相关内容；通过实证分析研究互联网的使用对企业出口行为的具体作用机制，从企业的管理费用渠道、销售费用渠道以及财务费用渠道三个不同角度出发，探讨研究互联网的使用如何通过交易成本渠道对企业出口行为产生影响，对探索出口企业应对当下数字经济浪潮的有效对策具有理论意义，同时也对在经济改革开放和高质量发展的复杂背景下，探求推动我国出口企业转型升级、改进我国出口企业行为的有效途径具有理论指导意义。

1.2.2 现实意义

互联网作为一种信息技术和商业平台，为信息供求双方提供了零距离接触的渠道，使得信息突破时空限制高速传播与整合，经济个体可以通过互联网共享信息，并对信息进行接收、再加工，实现信息增值。具体而言，搜索引擎成为企业获取信息的关键渠道，企业通过搜索引擎，获取外界信息，双方企业借助搜索引擎,得以实现双向互动。企业电子商务平台为企业商品展示和宣传提供了场所,企业双方借助电子商务平台进行商务沟通,进而达成交易。在互联网与实体工业经济多方面、多角度融合的时代,探讨互联网与微观企业出口行为的关系及其背后机理,对中国贸易强国建设具有重要的现实意义。

1.3 研究方法

1.3.1 理论分析与文献研究相结合

上篇将理论分析和文献研究相结合,一方面,以互联网经济效应理论及企业出口行为理论为基础,阐述互联网对企业出口行为的影响以及探讨互联网使用对企业出口行为影响的机制分析,从技术外溢渠道、资源配置渠道和交易成本渠道出发,进行具体分析;另一方面,通过阅读已往文献,熟悉现有学者的分析角度、研究方法和主要结论,对比、整理和归纳已有研究,并总结出当中的观点和不足,为本书的研究提供理论与资料支撑。

1.3.2 实证分析与规范分析相结合

上篇使用了 2004—2009 年中国海关贸易数据库与中国工业企业数据库的合并数据,分析了企业互联网使用及企业出口行为;并在此基础上,建立面板计量模型、PSM - DID 等计量实证方法进行相应的实证检验,研究互联网对企业出口行为的影响及其对异质性出口企业的作用差异,并进一步对其进行交易成本渠道的机制检验,从企业的管理费用渠道、销售费用渠道以及财务费用渠道三个不同角度出发,探讨研究互联网的使用如何通过交易成本渠道对企业出口行为产生影响,由此揭开互联网使用的深层次影响。

上篇在结论和政策建议部分,结合企业互联网使用及企业出口行为的现实,并以党的十九大精神为指导,在全面改革开放的背景下,提出从多方面进一步推动我国出口企业提高信息技术使用，最终实现高质量发展的政策建议。

1.4 研究内容与技术路线

1.4.1 研究内容

上篇的研究内容主要分为以下 5 个章节：

第 1 章为概述。首先，该部分简要地介绍了本研究的选题背景，分析了互联网发展与中国贸易出口的现状。其次，该部分阐述了研究意义、研究内容和方法、本篇的研究思路与框架，探讨了在中国企业出口的传统比较优势逐渐削弱的背景下，企业如何实现其出口行为的升级以带动中国企业更好地进入国际贸易市场。

第 2 章为文献综述。在本章中，对互联网的经济效应和企业出口行为的相关文献进行梳理和分析，并对互联网的内涵、企业出口行为的内涵等相关理论进行概述，指出现有文献的缺失与不足并提出本研究的创新点。首先，本章从互联网与经济发展、互联网与国际贸易、互联网与企业生产经营三个角度出发，分析探讨了互联网的经济效应。其次，本章从国际环境、国内环境和企业具体特征三个角度，分析探讨了企业出口行为的影响因素。最后得出，研究互联网对企业出口行为影响的文献并不多，关于互联网如何作用于企业出口行为的讨论更是少之又少。基于此，上篇开展互联网对企业出口行为影响的相关研究。

第 3 章为互联网影响企业出口行为的机理分析。承接上一章的文献评述，本章对互联网影响出口企业行为的相关问题进行总结和讨论，从技术外溢渠道、资源配置渠道和交易成本渠道出发，研究互联网对企业出口行为的具体影响机制，为后续研究奠定理论基础。在后续分析中，主要聚焦于交易成本渠道的研究，从企业管理费用渠道、销售费用渠道和财务费用渠道三个方面，探讨企业互联网的使用如何通过交易成本渠道影响企业出口产品质量。

第 4 章为实证研究。结合第 3 章的研究假设，首先，本章在现有研究的基础上，设定互联网对出口企业行为影响的实证模型，同时提出本研究的模型设定。其次，本章进行了数据选取说明并对关键变量进行衡量。最后，本章运用中国工业企业数据库和中国海关数据库的合并数据库构造的面板数据进行实证回归，并对所得的回归结果进行阐述说明，以此检验第3章的研究假设。此外，本章还采用多期 PSM－DID 方法进行相关稳健性检验，以解决"自选择"问题，巩固研究结论的稳健性。

第5章为总结与展望。简要对全文做出总结，说明研究内容与研究结论，并结合本章主要结论提出有关促进企业改善出口行为的政策建议，最后指出本篇研究的创新点与不足之处，并提出后续研究可改进之处。

1.4.2 技术路线

上篇的技术路线图如图1－1所示。

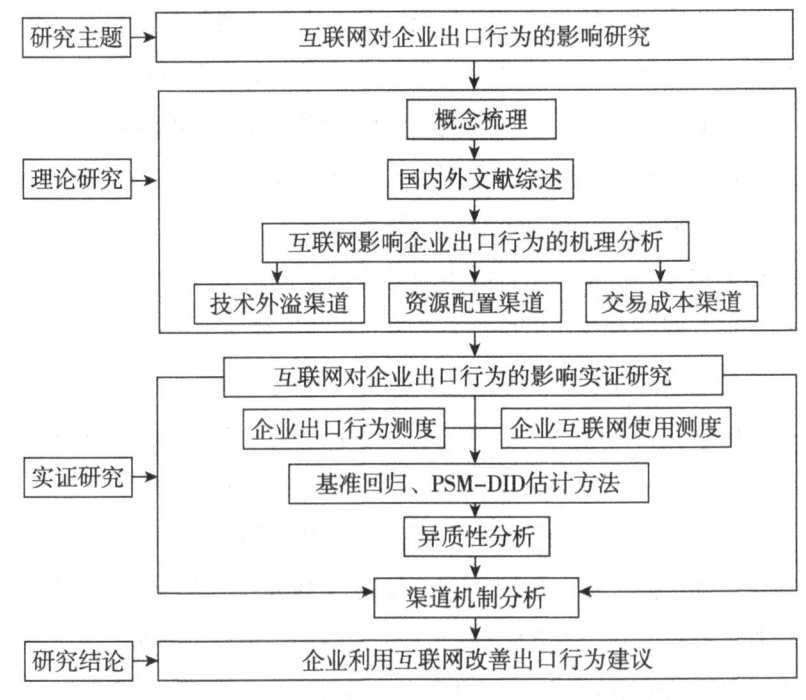

图1－1 技术路线图

第 2 章　文献综述

　　本章主要分析互联网与企业出口行为之间关系的研究成果。与本章有关的文献有两类：一类是关于互联网经济效应的研究。互联网经济效应的研究从互联网与经济发展、互联网与国际贸易和互联网与企业经济三个角度出发，探讨研究在互联网与企业发展深层次融合的背景下，互联网如何渗透经济的方方面面，对于经济产生影响；另一类是关于企业出口行为及其影响因素的研究。现有文献从国际环境与企业出口行为、国内环境与企业出口行为以及企业特征与企业出口行为三个角度出发，对企业的出口行为的影响因素进行相应探讨。

2.1　关于互联网经济效应的研究

　　本章主要研究企业对互联网信息技术方面的运用，强调企业利用互联网的信息连通功能。互联网作为一种信息技术和商业平台，为信息供求双方提供了零距离接触的渠道，使得信息突破时空限制高速传播与整合，经济个体可以通过互联网共享信息，并对信息进行接收、再加工，实现信息增值（郭家堂和骆品亮，2016）。企业可以通过互联网获取外界信息，并传播自身相应信息，进一步降低企业信息交流的成本（沈国兵和袁征宇，2020）。具体而言，搜索引擎成为企业获取信息的关键渠道，企业通过搜索引擎，获取外界信息，双方企业借助搜索引擎，得以实现双向互动。企业电子商务平台为企业商品展示和宣传提供了场所，企业双方借助电子商务平台进行商务沟通，进而达成交易。不论是搜索引擎，还是电子商务平台，都依靠双方沟通交流和产品展示，最终实现交易。

2.1.1 互联网与经济发展

在经济发展领域，互联网对经济增长、产业结构升级、劳动生产率提升起重要作用。

第一，互联网与经济增长。从互联网的信息连通视角出发，互联网通过缓解信息不对称问题，促进国民经济增长。电信基础设施的完善推动了社会信息化水平的提高，信息的流动速度得以加快。信息在企业之间的传播进而打破了市场中的信息不对称壁垒，企业沟通得以实现。信息交流渠道的畅通使得企业能够更充分地利用当前最适合的生产技术组织企业生产经营活动，国民经济运行效率得以整体提升（刘生龙和胡鞍钢，2010；马淑琴和谢杰，2013）。

第二，互联网与产业结构升级。互联网发展对推动产业结构升级也有着不可忽视的作用。互联网具有对生产率提升的效应。首先，互联网的使用促进了信息在生产率不同的企业之间的交互，对生产率较低的企业的要素配置和使用效率产生了积极作用，推动产业链向中高端升级。其次，在产业链升级的同时，上下游企业之间的互联网信息互动催生出更多的新产品，加速新产业的形成和出现。下游企业的产业升级对上游企业提出更高的技术需求，倒逼其提高服务能力，进行技术革新和产业升级（韩先锋等，2019）。互联网具有资源配置效应。一方面，互联网可以有效降低企业的搜寻成本，提升企业所需信息质量，促进资源向更高效率的行业流动，通过有序引导资源配置实现工业结构升级；另一方面，互联网带来的信息透明化使得传统垄断行业优势难以维持，新兴企业学习能力和模仿能力增强，竞争机制得以强化，进一步优化了资源配置（许家云，2019）。

第三，互联网与劳动生产率提升。互联网对劳动生产率也有提升作用（陈玉宇和吴玉立，2008）。互联网减弱了劳动力市场信息不对称程度，降低了劳动者就业的搜索成本和沟通成本，企业—劳动者得以更好地匹配，实现了劳动力资源的有效配置。企业在互联网平台上发布招聘信息，求职者在互联网平台上进行相应的信息匹配，两者能够更好地进行双向选择，进而使得合适的劳动者能够处于较为合适的岗位，企业劳动生产率得以提升。同时，互联网促使企业进行管理机制、培训制度的变革，使得员工培训方式更为多样化、便捷化，员工培训成本降低，企业有动力、有能力进行劳动力新技能培训，从而实现劳动生产率提升。

2.1.2 互联网与国际贸易

在国际贸易领域，互联网应用日渐广泛。互联网对于国际贸易规模、国际贸易模式以及出口产品质量均有一定影响。

第一，互联网与国际贸易规模。互联网通过贸易成本降低渠道对国际贸易规模产生积极影响。施炳展（2016）提出，作为一种信息资源，互联网与贸易相融合能够减少贸易双方交易中的摩擦和噪声。企业可以最大限度地在网络上进行产品搜寻，获取产品信息，交易双方得以进行有效交流。这一举措降低了搜寻成本及交流成本，缓解买卖双方的逆向选择问题，提高了企业出口密度，企业出口意愿增强，企业出口贸易规模上升。

第二，互联网与国际贸易模式。在一定程度上，互联网可以替代贸易中介的作用，帮助企业实现贸易方式的转变。买卖双方借助互联网畅通交流渠道，实现高效、低成本沟通，原先处于贸易双方之间充当信息中介的贸易中介，从买卖中赚取利润差价的机会减小，大量贸易中介退出市场。由于买卖双方交流渠道的畅通，出口企业倾向于与外商进行直接贸易，摆脱贸易中介，节约出口贸易成本，贸易模式也从间接出口变为直接出口，企业实现出口模式变革（刘海洋等，2020）。

第三，互联网与出口产品质量。互联网对于出口产品质量的影响具有两面性。从积极角度来看，随着互联网技术与传统产业发展融合日益密切，互联网显现出明显的技术溢出效应（黄群慧等，2019）。互联网可以促进信息和技术在更广的范围内以更低的成本传播和扩散，企业可以通过技术合作、协同创新等手段实现产品技术的升级。从消极角度来看，互联网降低了市场准入门槛，降低了企业与外商的交流成本，这为大量低质量企业进入国际市场提供可能。这部分企业市场空间布局高度重合，加剧了企业的侵蚀性竞争压力（侯欣裕等，2020）。一方面，低质量企业的进入使得出口市场整体出口产品质量降级；另一方面，大量企业进入出口市场，使得利润率低的行业企业被迫选择降低出口产品质量，出口市场产品质量进一步降级。

2.1.3 互联网与企业生产经营

在企业生产经营领域，现有研究主要从企业边界和企业组织两个视角出发，研究互联网对企业生产经营的影响。从企业边界视角出发：一方面，互联网拓展了企业交易活动的场所和交易活动的时间，减少了中间交易成本，促使企业之间互动增强，企业边界缩小（Clemons 和 Row，1992；李海舰等，2014；程立茹，2013）。交易双方利用互联网进行无时差沟通，有效减少了中介干预，信息传达更为快捷有效；另一方面，互联网会通过降低信息搜寻成本促使企业分工深化。首先，互联网的相互联通功能使得类似产品之间得以进行价格比较，同类型产品之间的价格竞争激烈，价格水平下降趋势明显。面对下降的中间产品价格，企业会放弃全产业链生产模式，选择专业化生产其具有比较优势的部分，从外部购买中间产品，进而实现分工深化。其次，搜寻成本的降低使得交易双方适配度提高，需要中间产品的需求方厂商通过互联网可以获取大量供给方厂商信息（施炳展和李建桐，2020），双方得以进行双向选择，进而寻找最为适配的企业，企业分工持续深化。

从企业组织视角出发，在互联网经济下，企业主体的活动越来越依赖于网络，互联网从供应链、企业外部沟通、企业内部沟通三个方面影响着企业组织。第一，互联网信息技术有助于降低企业供应链管理中的沟通成本和物流成本，提高生产管理能力（Litan 和 Robert，2001；谢莉娟，2015）。互联网可以有效降低企业与供应商之间的沟通成本，提高服务水平并降低物流成本。第二，互联网有助于加强企业和客户之间的双向沟通，其搜寻成本的降低使得供求双方能够实现信息互换，厂商可以根据消费者需求，实现个性化定制（沈国兵和袁征宇，2020）。第三，互联网有助于加强企业内部部门之间的沟通协作，提高组织管理能力。互联网技术的运用有利于提高企业运营调整的敏捷性，加强企业的组织和财务能力（石大千等，2020），进而提高企业绩效。

2.2　关于企业出口行为及其影响因素的研究

随着微观层面国际数据的可利用，企业出口行为成为近年来国际贸易领域研究的一个热点问题。一般而言，企业出口行为是指企业出口可能性、企业出口规模及出口强度，即企业在出口过程中的决策。近年来，随着出口贸易模式、出口产品质量、出口价值链等研究的兴起，企业出口行为的内涵也更加丰富。本节借鉴已有文献的做法，关注企业出口的"质"和"量"，从企业出口规模和出口产品质量两个方面衡量企业出口行为。目前，关于企业出口行为影响因素方面，学界已有丰富的研究。已有文献大致可以分为三类。

2.2.1　国际环境与企业出口行为

第一类主要关注国际环境对企业出口行为的影响。大量学者从贸易自由化、汇率变动、关税减免以及出口目的国特征等角度出发，考察其对于企业出口行为的影响。毛其淋和盛斌（2014）

从贸易政策不确定性的视角出发，分析了 2001 年中国加入世界贸易组织对企业出口行为的影响，发现贸易自由化通过竞争成本效应双重渠道显著提升了企业出口行为。一方面，贸易自由化（入世行为）降低了企业参与国际贸易市场的门槛，中小企业因为贸易门槛的降低大量进入出口市场，出口贸易市场竞争加剧；另一方面，贸易自由化使得进入国际市场成本降低，企业在出口市场的进入上不再需要花费大量的经济成本，同时由于贸易自由化带来的优惠出口税收政策，企业出口经营成本进一步降低，从而增加了出口企业的参与度，企业相较于中国加入世界贸易组织前，更倾向于进入国际市场。许家云等（2015）分析了人民币汇率变动对多产品企业出口选择的影响，发现人民币汇率上升引发企业出口价格上涨和出口规模下降，同时企业出口产品种类减少。人民币汇率的上升使得人民币币值升值，这使得国内产品出口价格相对上涨，而价格的上涨使得国际市场上更倾向于购买中国产品的替代品，因此，中国企业出口规模整体下降，大量依靠价格优势进入国际市场的低端产品纷纷退出出口市场，企业出口产品范围缩小。关税减免的作用与人民币汇率变动相似（Feenstra，1989）。关税的减免实质上是中国产品出口成本的降低，即中国企业进入国际市场产品价格相对降低，使得国际市场更倾向于购买中国企业出口产品。因此，中国企业出口规模整体上升，依靠低价优势进入国际市场的产品种类增加。Mayer 等（2014）、钟腾龙和余淼杰（2020）从出口目的国特征出发，研究发现出口目的国的外部需求和竞争程度影响了不同竞争策略企业的出口价格、产品范围和出口分布特征。该类文献大多从国际宏观角度出发，研究国际政策、国际环境的变化对于中国企业出口行为的具体影响。

2.2.2 国内环境与企业出口行为

第二类文献研究国内环境因素对企业出口行为的影响。已有文献从政府政策、融资约束、基础设施等角度出发，考察其对企业出口行为的影响。从政府政策方面来看，刘铠豪和王雪芳（2020）认为，税收负担限制了企业生产率提升，企业受到融资约束，进而抑制了企业的出口行为。税收的上升使得企业可动用资金减少，约束了企业进行生产规模扩大和技术改进，从而抑制企业进行出口行为的升级。黄玖立和冯志艳（2017）从政府土地制度角度出发，发现用地成本降低了企业出口可能性，从企业生产率和融资约束两个渠道影响了企业出口行为的内在动力。刘灿雷和王永进（2019）从中国行政管制角度出发，发现行政管制的放松有助于企业出口倾向和出口规模提升。阳佳余（2012）发现，企业融资环境的改善能够帮助企业减少进入国际市场所需要支付的固定成本，降低了企业参与国际贸易市场的门槛，提高了企业出口可能性和企业出口规模（Manova 等，2015）。盛丹等（2011）利用 Heckman 两阶段选择模型估计了基础设施对企业出口行为的影响，发现基础设施建设减少了企业出口的成本，降低了出口门槛。国内基础设施的建设包括信息技术基础设施的建设、交通基础设施建设等，基础设施的建设增加了企业贸易便捷度，减少了企业出口的成本，企业出口行为也进行了升级。

2.2.3 企业特征与企业出口行为

第三类聚焦于微观领域，研究涉及企业自身特征或决策对企业出口行为的影响。已有文献主要从企业生产率差异、企业上市行为等角度出发，研究探讨了异质性企业以及微观企业行为与决策，通过技术溢出效应等渠道显著提升了企业出口产品质量。从生产率差异角度出发，依据异质性企业贸易理论，从事出口活动的企业必须承担一定固定成本，因此，生产率低的企业一般选择不进行出口，只有能够承受出口所需固定成本的高生产率企业才选择进行出口（Melitz，2008）。从企业上市行为角度出发，祝树金和汤超（2020）从管理质量、生产技术、中间产品投入三个方面分析了企业上市对出口产品质量升级的影响效应和作用机制，并发现管理质量提升、生产技术改进有助于实现出口产品质量升级。企业上市使得企业融资约束缓解，企业得以投入优质中间品进行研发创新。同时，上市意味着企业接受投资者监督，决策机制得以更加完善和理性，这些举措都有利于企业产品的升级。该类文献大多从企业微观角度出发，研究企业自身特征差异、企业生产经营行为的变化对于中国企业出口行为的具体影响。

以上研究从国际、国内、企业自身三个方面对企业出口行为的影响因素进行了理论和实证分析，但遗憾的是，在当前互联网与国际贸易融合加深的过程中，研究互联网对企业出口行为影响的文献并不多，关于互联网如何作用于企业出口行为的讨论更是少之又少。施炳展（2016）利用双向网址链接研究互联网对企业出口的影响，发现互联网的使用能够提升企业出口可能性，提升出口规模，但其并未考虑互联网对出口产品质量的影响。李兵和李柔（2017）利用2005—2009年微观企业数据库，以企业邮箱、企业网页作为代理变量，探讨了互联网对企业出口规模、出口密集度、出口产品类别及出口目的国等的影响，但未分析其具体影响渠道。叶娇等（2018）使用2005—2009年微观企业数据库，从企业生产率、技术外溢效用、交易成本角度出发，发现网络技术应用与出口产品质量呈现正向相关关系，但其并未将研究拓展到企业出口规模领域。同时，李兵和岳云嵩（2020）利用倍差匹配方法进行研究，加入时间变量，动态分析了互联网对出口产品质量的影响，发现互联网对企业出口产品质量在起步阶段给企业出口产品带来了质量的提升，但后期互联网不再对出口产品质量产生提升作用，本研究中也并未对具体影响渠道进行机制检验。基于此，本研究以互联网使用为切入点，从交易成本视角出发，研究互联网对企业出口行为的影响，并深入分析其管理费用渠道、销售费用渠道和财务费用渠道三个影响路径。

与现有研究相比，本研究的可能边际贡献主要集中在以下三个方面。

第一，在研究视角上，本研究为研究互联网与企业出口行为提供了新视角。以企业互联网使用为切入点，从交易成本角度出发，系统分析互联网与企业出口行为的内在关系，评估了互联网发展对国际贸易领域的贡献。

第二，在研究内容上，本研究回答了互联网能否助力中国企业出口行为改善这一问题，还尝试将互联网技术引入异质性企业贸易模型，进一步探寻互联网使用对企业出口行为的作用机制，在此过程中综合考虑了样本选择、行业特征造成的估计偏误问题，继而从企业所有制类型、企业贸易方式、企业规模等维度进行相应异质性分析，从而深化异质性企业出口行为的认识，为制定更丰富、更有针对性的出口贸易政策提供了经验证据。

第三，在机制分析上，本研究就互联网与企业出口行为的关系进行了理论分析，并对交易成本影响渠道进行了实证检验，分析了互联网与企业出口行为之间的交易成本传导机制，为我国贸易强国建设提供了思路。

第3章　互联网影响企业
出口行为的机理分析

　　互联网对于企业出口行为的影响渠道主要有技术外溢渠道、资源配置渠道、交易成本渠道。从技术外溢渠道来看，互联网主要通过促进企业技术升级、提升劳动生产率和推动企业分工带动产业结构升级三个方面来影响企业出口行为。从资源配置渠道来看，互联网从产品市场、金融市场和劳动力市场三个市场优化资源配置，对企业出口行为产生作用。从交易成本渠道来看，互联网从企业的管理费用渠道、销售费用渠道以及财务费用渠道三个方面对企业的出口行为产生影响。

3.1　技术外溢渠道

　　随着互联网技术持续更新，互联网技术与产业发展融合度日益深化，互联网通过技术溢出效应渠道促进企业出口行为升级。互联网的技术外溢作用体现在以下三点。

　　第一，互联网可以促进信息和技术在更广的范围内、以更低的成本传播和扩散，企业可以通过技术合作、协同创新等手段实现产品技术的升级（Shao 和 Lin，2001；Dunnewijk 和 Hulten，2007）。郭家堂和骆品亮（2016）从互联网技术、互联网平台、互联网思维、网络效应四个维度探讨了互联网技术应用对中国的工业技术进步有显著的促进作用。而随着技术进步，企业出口产品得以丰富和升级，形成规模经济，进而企业得以进行出口规模的扩大和出口产品质量的提升。

第二，互联网技术对劳动生产率也有提升作用，互联网使得劳动力市场上的信息不对称问题得到一定程度的削弱（Kuhn 和 Skuterud，2010），企业—劳动者得以更好匹配。企业在互联网平台上发布招聘信息，求职者在互联网平台上进行相应的信息匹配，两者能够更好地进行双向选择，进而使得合适的劳动者能够处于较为合适的岗位，使得企业劳动生产率得以提升。同时，互联网技术使得员工培训成本降低，企业有动力进行劳动力新技能培训，从而实现技术提升。越来越多的企业选择通过网络教学方式对员工进行考核和培训，进一步带来企业劳动生产率的提升。互联网带来的劳动生产率提升能够致使企业生产率上升，进一步进行生产规模的扩大，实现规模经济，进而影响企业出口行为。

第三，互联网发展对推动产业升级有着不可忽视的作用。Basu 和 Fernald（2010）、韩先锋等（2019）、许家云（2019）发现，互联网技术通过信息技术生产部门内部向外部使用部门扩散，实现知识跨行业流动，工业行业间因此实现技术联动，专业分工也愈发明确，产业结构也得以升级。互联网的出现使得企业之间合作成为可能，进而生产环节上分工也得到细化。专业分工的出现，使得产业链内各个生产环节得以精细化，上游企业专注于产品开发与生产，产业结构也因此得到升级。产业结构升级意味着中国出口企业的出口结构完善，企业更倾向于出口高附加值的高质量产品。

3.2　资源配置渠道

互联网在国际贸易过程中发挥着资源配置的作用。

在产品市场上，信息成本是干扰国际贸易进行的一大障碍。在国际贸易活动中，出口企业需要花费大量的资金进行市场调研，来实现信息搜寻及匹配，搜寻成本的存在对一些规模较小的企业产生较大的压力,因此小规模企业会放弃进入国际市场。互联网的出现极大降低了信息搜集和信息匹配的成本,中小企业出口得以成为可能。同时,互联网的出现、电子商务平台的发展改变了企业之间的沟通交流方式,买卖双方借助互联网进行低成本、快速的沟通,使得企业之间的交流成本下降,这又进一步降低了市场准入门槛,市场竞争愈发激烈。出口市场竞争可以使市场发挥资源配置作用,导致低生产率的企业退出市场(Meltiz 和 Ottaviano,2008)。在国际市场竞争加剧时,企业偏好选择出口核心产品,这一行为将提升生产率,实现出口产品质量升级。

在金融市场上,互联网同样也发挥着资源配置的作用(阳佳余,2012;张杰,2015)。一方面,互联网金融的出现,使得企业融资渠道拓宽,融资方式增加,企业融资渠道不再仅限于发行债券、股票,新增的融资方式使得企业融资约束得以缓解。另一方面,互联网也增加了投资者对于企业经营状况的了解,资金得以流入边际报酬率高的企业,资金得到更优配置。融资约束的缓解使得企业能够有充足的资金进行生产规模的扩张和产品质量的提升,对企业出口行为升级起积极作用。

在劳动力市场上,互联网使得企业—劳动者得以更好地匹配。企业在互联网平台上发布招聘信息,求职者在互联网平台上进行相应的信息匹配,劳动者能够找到适合自身的岗位,劳动者和企业之间的"信息鸿沟"得以修补,使得劳动力资源得到合理配置(Kuhn 和 Skuterud,2010)。

3.3　交易成本渠道

互联网在社会经济系统中是一个节约交易成本的有效工具,具有降低交易成本、实现信息有效沟通的功能(刘生龙和胡鞍钢,2010)。在企业生产经营的各个环节,互联网提供了低成本信息传输渠道,企业信息搜集成本降低,追逐利润最大化的企业面对更广阔的市场，做出相应的出口行为选择。在企业的生产经营中，互联网的使用能够影响其管理成本、销售成本和财务成本，从以上三个渠道进一步对企业出口行为产生作用。

互联网通过拓展企业管理层有限理性、削弱企业内部投机行为等方式降低企业管理成本，进而促使企业出口行为改善。首先，互联网的建设推动大数据、云平台等信息技术对贸易企业的影响，加速了企业信息交流和信息处理进程。企业管理层可以充分掌控公司内部决策信息、财务信息等重要信息，并且可以应用相应的智能软件对信息进行分析，在综合公司内部和市场各个方面因素后做出最终决策，这一行为使得公司整体决策更为理性化。因此，互联网信息技术的应用使得管理层决策行为更加理性，拓宽了"有限理性"，进而实现资源的有效配置。其次，互联网能够利用内部平台对个人行为进行牵制，使用互联网执行监督，能够有效降低机会主义行为，减低企业监督管理成本（何大安，2018）。而管理成本的降低使得企业有更多资金投入生产研发，扩大出口规模。

从销售成本来讲，互联网可能会降低或者提升销售成本，从而影响企业出口行为。一方面，互联网可能通过实现有效沟通来降低销售成本。物联网、大数据等的广泛应用，增强了企业对于外部信息的获取和感应，企业能够实时掌握交易对手信息，满足下游企业的需求，实现有效沟通，进而大幅度提高了交易效率，实现销售成本的降低。销售成本的降低得以让企业将更多资金投入产品生产，因此可能会推动企业出口额的提升以及出口产品质量的升级。另一方面，互联网也可能增加销售成本。在互联网时代，销售宣传手段越发繁多。企业网页、电子商务平台等互联网宣传渠道的建立和使用均需要相应的付费，因此，跨境电商平台、互联网新宣传渠道的出现和使用，提高了销售成本。而高销售成本能够加强企业产品的宣传，扩大企业知名度，使得更多国际市场上的厂商与出口企业进行产品贸易，这一举措也能实现企业出口行为的升级。

互联网可能通过拓宽融资渠道、增强管理监督等渠道降低财务成本。一方面，当企业面临融资约束时，企业出口的壁垒会相对增加，不利于企业出口行为升级，而互联网金融的出现，使得企业融资约束得以缓解，进而消除了其对于出口行为升级的抑制（阳佳余，2012；张杰，2015）。互联网金融拓宽了企业融资渠道，投资者能够快速获取企业财务信息以及经营状况，进而使企业股权融资渠道拓宽。而融资约束的缓解使得企业将更多资金能够投入生产经营活动中，进而进行企业出口行为的升级。另一方面，互联网的应用提升了财务沟通、财务处理能力，进而进行成本的节约。专业会计软件的使用，让企业财务处理易于操作，提高了会计处理的效率。同时，互联网能够利用会计软件对财务行为进行牵制，使用互联网执行财务操作监督，使得企业财务管理更加规范，有效地预防了财务风险的出现。财务成本以及财务风险的降低，有效地保障了企业进行出口产品规模的扩大以及出口产品质量提升等一系列出口行为。

第 4 章 实证研究

本章第一部分首先进行模型设定并采用固定效应模型进行分析，其次进行数据说明和变量描述；第二部分展示基准回归结果；第三部分利用 PSM – DID 估计方法对结果进行稳健性检验；第四部分进行异质性分析，从企业所有制、贸易方式和企业出口规模三个角度对其进行异质性探讨；第五部分进行机制检验，从交易成本渠道出发，从企业的管理费用渠道、销售费用渠道和财务费用渠道三个渠道进行机制分析，探讨研究互联网的使用如何通过交易成本渠道对企业的出口行为产生影响。

4.1 模型设定、数据说明与变量描述

上文对互联网和企业出口行为的关系从不同层面进行了多方面的探讨，为检验本章的研究假设。而本章将基于 2004—2009 年的微观出口企业数据，构建出口目的国—企业—年份数据，通过计量模型实证分析估计互联网对中国出口企业行为的影响，并验证本章的研究假设。此外，本章还进行相应的变量测算方法说明，并分析变量的数量特征。

4.1.1 模型设定

参考已有文献的研究，先进行豪斯曼检验，通过检验后，选择是否采用固定效应模型来研究互联网对企业出口行为的影响。参考已有研究的方法，以出口企业经营行为为回归方程的被解释变量，以互联网使用作为核心解释变量，构建实证模型如下：

$$EXP_{it} = \beta_0 + \beta_1 NET_{it} + \beta_2 X_{it} + \gamma_i + \xi_t + \varepsilon_{it} \qquad (4-1)$$

其中，i 表示企业，t 表示年份，EXP_{it} 表示 t 年企业 i 出口行为，包括企业出口规模（$SumEx$）和出口产品质量（$stdquality$）。NET_{it} 为企业邮箱（$email$）和企业网页（web）的使用情况，X_{it} 为其他控制变量。同时，本章在回归中控制样本个体固定效应及时间固定效应。γ_i 为个体固定效应，ξ_t 为时间固定效应，ε_{it} 为误差项。

4.1.2 数据说明与变量描述

1. 数据说明

基于数据可得性的考量，本章的数据主要来源于 2004—2009 年中国海关贸易数据库与中国工业企业数据库。中国海关贸易数据库包含了中国出口企业每一目标市场出口商品的贸易额、贸易量和贸易方式等贸易基础信息。中国工业企业数据库由国家统计局统计，包含了规模以上的中国工业企业的基本信息和财务信息。

1995 年，我国开始面向社会提供互联网接入服务，百度、腾讯等互联网公司纷纷成立，我国正式进入了互联网商用时代。2003 年，淘宝网上线，互联网与实体经济的融合越发密切。2004—2009 年，正值互联网发展的黄金年代，与现今相比，2004—2009 年处于企业使用互联网的初期，互联网的经济效应初见成效。随着互联网技术的不断发展，大数据、云平台等新技术的出现，互联网与企业的融合进入新的发展阶段，这与 2004—2009 年有一定的相似度。基于此，考察 2004—2009 年的互联网对于企业出口行为的影响对当今互联网经济建设有一定的借鉴意义。

根据已有文献的做法，本章对中国海关贸易数据库和中国工业企业数据库做了以下处理。

第一，中国海关贸易数据库是按年度月份记录的企业商品的进出口，根据本章研究的需要，将月度数据合并为年度数据。在数据处理上，首先，剔除企业进口贸易相关数据，仅仅保留与出口贸易相关的数据；其次，统一数据的属性和名称，剔除记录空缺的或者填写错误的数据；最后，将每一年度数据按照企业进行加总合并，得到企业—年份层面数据。

第二，本章借鉴 Brandt 等（2012）和聂辉华等（2012）的数据处理方法，对中国工业企业数据库进行逐年匹配。在匹配前进行数据初步筛选：①剔除企业关键变量存在缺失值的数据，如企业员工、企业总资产等关键性变量缺失数据；②剔除不符合会计规则的数据，如企业流动资产大于企业总资产、企业总销售额小于企业出口额、企业总固定资产大于企业总资产、企业固定资产净值大于企业总资产、企业管理费用大于工业销售产值等不符合基本会计原理数据；③剔除规模较小的企业，即剔除就业人数规模小于 10 人的数据。

第三，将两个数据库进行合并。本章参照 Yu 等（2015）的方式，首先，依据两个数据库的公共字段"企业名称"为主键开展数据匹配工作；其次，未匹配的数据以"企业邮编"和"电话号码"的后六位数字为关键词进行再次匹配，最终得到包含 2004—2009 年 119 495 家企业，共计 325 152 条观测值组成的"企业—年份"对应值的非平衡面板数据。

2. 变量描述

变量的类别分为以下三个部分：被解释变量、核心解释变量和控制变量。

（1）被解释变量

被解释变量为出口企业经营行为（Exp）。企业出口行为是指企业出口可能性、企业出口规模及出口强度，即企业在出口过程中的决策。本章聚焦于研究出口企业的出口规模以及出口产品质量的选择。其中，出口规模（*SumEx*）表示企业对于出口产品量的选择，以企业出口额的对数来衡量。

出口产品质量（*stdquality*）聚焦于企业对于出口产品质量的选择。出口产品质量是一个较为模糊的概念。部分学者以出口产品的价格来衡量，认为出口产品价格越高，出口产品质量越高，但该方法并未考虑到产品的异质性。本章根据 Khandelwal 等（2013）的方法，使用 KSW 方法测度出口质量。KSW 方法基本思想是在价格相同的情况下，同一品类商品，其销量越高，则产品质量就越高。因为在产品相似的情况下，消费者倾向于购买质量更佳的产品。该方法控制了产品异质性特征，在许家云等（2017）和王海成等（2019）的研究中得到运用，本章继续沿用该方法进行企业出口产品质量指标的构建。该指标计算所需产品数量、价格等数据来源于海关数据库提供的交易层面的信息。

本章采用需求推断法估计出口产品质量，遵循 Khandelwal 等（2013）、施炳展和邵文波（2014）的思路，构建以下形式的需求函数：

$$x_{ijgt} = q_{ijgt}^{\sigma-1} \frac{p_{ijgt}^{-\sigma}}{P_{jt}^{1-\sigma}} Y_{jt} \qquad (4-2)$$

其中，x_{ijgt} 代表每个企业每年每种产品在出口目的国的数量；q_{ijgt} 代表每个企业每年每种产品在出口目的国的质量；p_{ijgt} 为每个企业每年每种产品在出口目的国的价格；p_{jt} 为每年出口目的国的市场价格指数，Y_{jt} 为每年出口目的国的总收入水平；σ 为产品替代弹性系数。下标 i 表示企业，j 表示出口目的国，g 表示产品类别（用 HS8 位码表示），t 表示年份。

对式（4-2）两侧同时取对数，得到方程：

$$\ln(x_{ijgt}) + \sigma\ln(p_{ijgt}) = \varphi_g + \varphi_{jt} + \varepsilon_{ijgt} \qquad (4-3)$$

其中，φ_g 为产品固定效应，控制产品个体差异，保证不同计量单位的产品能够进入同一计量模型；φ_{jt} 为目的国年份固定效应，控制时间和目的国相关效应，包括式（4－2）中的市场价格指数和总收入水平；ε_{ijgt} 为随机扰动项，其中包含出口产品质量；$\varepsilon_{ijgt} = (\sigma - 1)\ln(q_{ijgt})$。则：

$$\ln(q_{ijgt}) = \frac{\varepsilon_{ijgt}}{\sigma - 1} \qquad (4-4)$$

利用 OLS 得到 $\hat{\varepsilon}_{ijgt}$，同时 Broda（2006）估计的中国 HS2 位码需求价格弹性赋值 σ，即可估计 $\ln\hat{q}_{ijgt}$，得到出口产品质量（quality）。

之后，本章根据施炳展和邵文波（2014）的做法，对出口产品质量数据进行标准化并加总到企业层面：

$$stdquaility_{ijgt} = \frac{stdquaility_{ijgt} - \min(stdquaility_{ijgt})}{\max(stdquaility_{ijgt}) - \min(stdquaility_{ijgt})}$$

$$(4-5)$$

其中，$stdquaility_{ijgt}$ 是指标准化后的出口产品质量；$\max(stdquaility_{ijgt})$ 和 $\min(stdquaility_{ijgt})$ 为样本期间内年份—产品—目的国—企业层面出口产品质量的最大值和最小值。标准化后，本章将数据加总，得到企业—年份层面数据。

（2）核心解释变量

本章核心解释变量为互联网（NET）的使用。借鉴李兵等（2020）的方法，以企业邮箱（email）和企业网页（web）的使用情况作为互联网使用情况衡量的指标。与中国工业企业数据库中其他变量相比，企业邮箱和企业网页的使用情况出现谎报可能性较低，因为企业邮箱和企业网页的使用情况并不会影响企业税收负担，也不会影响企业出口优惠政策的享受（李兵等，2017）。

诚然，企业互联网的使用程度并不能简单以企业邮箱和企业网页的使用来表征，但企业邮箱和企业网页的使用，说明企业已经有相当多的触网行为。企业邮箱和企业网页作为最简单的互联网交流和互联网信息展示平台，为企业提供了同海外企业互联互通的机会。企业可以通过企业邮箱和海外企业进行线上交流，企业网页则给了企业一个信息展示的平台，两者作用相结合，起到与当前电子商务平台相类似的作用。因此，以企业邮箱与企业网页的使用来表征互联网的使用，具有一定代表性。同时，该变量依旧存在一定不足，有些企业虽然上报了该数据，但企业邮箱和企业网页的使用频率却不高，或者有些企业虽然没有上报该数据，但有一定的触网行为。这两种情况都会造成互联网对企业出口行为作用的低估。在该情况下，若互联网仍然对出口有显著的促进作用，则我们的估计结果依旧有效。

本章的互联网数据来源于中国工业企业数据库中2004—2009年企业对企业邮箱和企业网页这两栏的填写。本章将中国工业企业数据库中企业网页一栏中填写有"http""www"等均认为企业使用了企业网页；企业邮箱一栏中不为空，且填写信息中包含"@"均识别为使用企业邮箱。同时，本章假设，一旦在中国工业企业数据调查中写了企业邮箱和企业网页的相关信息后，则默认企业之后会一直使用企业邮箱和企业网页。企业邮箱和企业网页一旦被识别使用后，相应的变量则赋值为1，否则为0。

（3）控制变量

本章控制变量包括两类：一类是描述企业外部环境的变量，包括省份虚拟变量（prov）、行业虚拟变量（inds）；另一类是描述企业自身特征的变量，主要有企业规模（fs）、企业生产率（lp）、企业年龄（age）、劳动资本比（lcr）、融资约束（fin）、政府补贴（gov）、企业性质（owe）。

其中，省份虚拟变量（prov）、行业虚拟变量（inds）都是虚拟变量，分别以省份和行业类别来划分。企业规模表征规模大小，以企业出口额的对数来衡量。企业生产率为工业销售值与企业员工数的比值，以此衡量企业的生产率水平。企业年龄以被调查年份减去开业年份来测算，以此衡量企业所处的生命周期以及企业成熟程度。劳动资本比以企业固定资产除以企业员工数来衡量,该变量用来测度企业的固定资产情况。融资约束以应收账款与企业总资产的比值来测度,使用该变量以测度企业财务特征,该值越大,企业融资越多。政府补贴为虚拟变量,当企业接受政府补贴时为1,否则为0,以此来测度政府对于该企业的政策支持程度,是否受到政府的政策倾斜。企业性质为虚拟变量,当企业为民营企业时,企业性质赋值为0;当企业为国有企业时,企业性质赋值为1;当企业为外资企业时,企业性质赋值为2。各变量的定义以及说明见表4-1。

表4-1 变量定义与说明

变量类别	变量名称(符号)	变量定义
被解释变量	出口规模($\ln SumEx$)	企业出口额的对数
	出口产品质量(*stdquality*)	运用 KSW 方法测度
核心解释变量	企业邮箱(*email*)	虚拟变量,当企业使用企业邮箱时该变量为1,否则为0
	企业网页(*web*)	虚拟变量,当企业使用企业网页时该变量为1,否则为0
控制变量	企业规模(*fs*)	企业出口额的对数
	企业生产率(*lp*)	工业销售值/企业员工数
	企业年龄(*age*)	被调查年份减去开业年份
	劳动资本比(*lcr*)	企业固定资产/企业员工数
	融资约束(*fin*)	应收账款/企业总资产
	政府补贴(*gov*)	虚拟变量,当企业接收政府补贴时为1,否则为0
	省份(*prov*)	虚拟变量
	行业类别(*inds*)	虚拟变量
	企业性质(*owe*)	虚拟变量,当企业为民营企业时,企业性质赋值为0;当企业为国有企业时,企业性质赋值为1;当企业为外资企业时,企业性质赋值为2

　　本章对所有连续变量均按照1%和99%进行缩尾（Winsorize）处理，以消除离群值等特殊值对回归结果的影响，主要变量的描述性统计如表4-2所示。从表4-2可以看出：①在2004—2009年，企业出口总额和出口产品质量之间存在较大差异。这是由于，中国出口企业规模参差不齐，企业生产率及生产技术也存在较大差异，高质量和低质量出口企业一同进入出口市场，进而使得中国整体出口产品质量并不高；②在2004—2009年，中国企业互联网使用并不普及，约有27%的企业拥有企业邮箱，21%的企业拥有企业网站。2004—2009年正处于中国互联网与实体经济融合时期，企业互联网使用率还在发展阶段，企业对于互联网的使用依旧存在巨大发展空间。

表4-2　变量描述性统计

变量	样本量	均值	标准差	最小值	最大值
SumEx	32 654	617.47	5 473.65	0.005	1 424 337
stdquality	32 654	0.59	1.53	0	5.74
email	32 654	0.27	0.44	0	1
web	32 654	0.21	0.41	0	1
fs	32 654	5.14	1.13	0	1
lp	32 654	459.72	2 372.78	0.090	1
age	32 654	8.51	7.84	27.000	305.40
lcr	32 654	119.88	3 119.92	82.250	244.40
fin	32 654	0.18	0.48	0	19.71

4.2　基准回归

　　根据本章的数据结构以及模型设定，对模型进行估计，进行基准回归。由于本章选用的数据为企业面板数据以及企业个体信息较多，可能存在随机扰动项并不满足独立同分布这一前提假设的问题，也可能存在异方差与自相关问题。针对以上问题，本章对模型的随机扰动项进行组间异方差、组内自相关和组间同期相关性检验。本章通过豪斯曼（Hausman）检验，由 P 值处于 0.05 左侧可知，检验结果拒绝随机效应模型，支持固定效应模型的回归效果更好。基于此，本章选择固定效应模型作为本章基准回归模型。同时，在模型中加入了年份虚拟变量以此控制随时间变化的时间效应，加入省份虚拟变量、行业类别虚拟变量、企业性质虚拟变量以控制不随时间变化的个体效应。

表 4-3 中第（1）～（2）列分别为企业邮箱对出口企业出口规模和出口产品质量的影响，第（3）～（4）列衡量了企业网页对出口企业出口规模和出口产品质量的影响。回归结果表明，企业邮箱对出口企业出口规模、出口产品质量有显著的提升作用。企业邮箱使得出口企业出口额增加约 11.57%，出口企业出口产品质量提升约 0.38%。同样，企业网页的使用对出口企业出口规模、出口产品质量也有显著的提升作用。企业网页的使用使得出口企业出口额增加约 11.33%，出口企业出口产品质量提升约 0.26%。本章估计结果显示，企业邮箱和企业网页的使用对于出口企业出口规模、出口产品质量影响相近，即互联网对于企业出口行为有显著改进作用。

表 4-3　基准回归结果

变量	(1) ln*SumEx*	(2) *stdquality*	(3) ln*SumEx*	(4) *stdquality*
email	0.115 7*** (11.29)	0.003 8*** (5.54)		
web			0.113 3*** (9.65)	0.002 6*** (3.40)
fs	0.651 2*** (103.34)	0.161 5*** (48.58)	0.650 6*** (103.09)	0.016 1*** (48.56)
lp	0.000 1*** (3.37)	3.220 6*** (2.56)	0.000 1*** (3.37)	3.220 6*** (2.56)
age	−0.045 1*** (−6.08)	−0.000 03 (−0.84)	−0.004 5*** (−6.08)	−0.000 03 (−0.71)

变量	(1) ln*SumEx*	(2) *stdquality*	(3) ln*SumEx*	(4) *stdquality*
lcr	-0.000 03 *** (-3.06)	-1.540 6 *** (-3.09)	-0.000 03 *** (-3.05)	-1.540 6 *** (-3.09)
fin	0.125 0 *** (6.35)	0.001 8 (1.50)	0.126 8 *** (6.44)	0.001 9 (1.54)
gov	0.129 9 *** (20.06)	0.003 6 *** (8.67)	0.129 3 *** (19.96)	0.003 6 *** (8.64)
年份	控制	控制	控制	控制
省份	控制	控制	控制	控制
行业类别	控制	控制	控制	控制
企业性质	控制	控制	控制	控制
观察值数量	325 152	325 152	325 152	325 152
R^2	0.209 2	0.107 3	0.208 6	0.107 1
面板分组数	119 495	119 495	119 495	119 495

注：括号内数值为 Z 统计量；*** 表示在1%的水平上显著。

对表4-3第（1）列进行分析可知，从控制变量角度来看：①企业规模对于企业出口行为有积极影响。企业规模越大，其出口规模越大和出口产品质量越高。一方面，这是由于规模较大的企业具有天然的产品规模和产品质量的优势，其有更多的人力、财力进行产品的生产；另一方面，大规模企业具有一定品牌效应，其往往拥有较好的社会形象，在出口贸易中更具有优势。②企业生产率对于企业出口行为也有积极作用。生产效率较高的企业，在产品生产时往往低投入、高产出，这也意味着在相同资金约束下，生产效率较高的企业能够生产更大规模的产品，使其在出口市场中也能占据重要地位。③企业年龄主要反映了企业所处的生命周期，从回归结果可以看出，企业年龄对出口产品规模产生消极作用。这可能是因为处于生命周期成熟期的企业生产模式、生产规模已经较为成熟，再进行扩张的可能性并不大。④劳动资本比反映了生产中的资源配置，劳动资本比对于企业出口行为产生消极作用。该原因可能同企业年龄对企业出口行为产生消极影响的原因类似，当企业实现高效资源配置时，再进行出口规模扩张和技术改进存在一定难度。⑤融资约束的缓解有助于企业出口行为的升级。当企业拥有足够的资金时，企业得以进行市场的扩张和技术的升级。⑥政府补贴对于企业出口行为升级起积极作用。政府政策的支持同样也是对于融资约束的缓解，对于企业出口产生积极作用。

4.3　稳健性检验

以上基准回归分析已经证实，互联网的使用对于出口企业出口规模、出口产品质量有显著的提升作用。然而，是否进行触网行为源自企业自发选择，自选择（self-selection）问题由此产生，即使是在控制变量已经控制了各种可观测的企业特征情况下，使用互联网的企业和不使用互联网的企业或许依旧不具有可比性。因此，本章使用 PSM – DID 方法进一步处理自选择问题和可能存在的内生性问题，作为本章稳健性检验。

互联网的使用可以被看作企业进行的一场自然实验，企业使用与不使用互联网都是企业做出的选择，基于此本章使用 DID 方法。使用 DID 方法时，最需要保障的前提是出口企业样本应当符合共同趋势假设，即如果企业没有使用互联网，企业之间的变化趋势随时间流逝不存在相应差异。但从企业发展现实来看，DID 方法的共同趋势假定很可能无法满足。然而，PSM – DID 方法却能够解决共同趋势假设难题，将类似的企业进行倾向得分匹配，控制企业自身特征产生的样本问题。PSM – DID 方法的思路如下。

首先，本章将企业分为处理组和控制组，处理组为 2004—2009 年使用互联网（企业网页和企业邮箱）的企业，控制组为

2004—2009 年未使用互联网的企业。其次，本章构造虚拟变量 net 和 t 。如果 $net = 1$ ，则表示企业有触网行为，$net = 0$ ，则表示企业并未使用互联网。t 为时间虚拟变量，如果 $t = 1$ ，则为企业使用互联网之后的时期，$t = 0$ ，表示企业使用互联网之前的时期。那么，出口企业 i 在使用互联网和没有使用互联网两种情况下的经营行为（ Exp ）差异可以记为：

$$ATT = E(Exp_i^1 - Exp_i^0)$$
$$= E(Exp_i^1 | net = 1) - E(Exp_i^0 | net = 1) \quad (4-6)$$

其中，Exp_i^1 和 Exp_i^0 分别表示出口企业使用互联网和没有使用互联网两种情形下的企业出口行为。由于企业使用互联网以后，其没有使用互联网的状态并不存在，即 $E(Exp_i^0 | net = 1)$ 是不可观测的，因此，该公式无法进行估计。基于此，本章构建一个对照组对该状态进行替代估计无偏 ATT，即使用 $E(Exp_j^0 | net = 0)$ 来替代 $E(Exp_i^0 | net = 1)$ 。使用倾向得分构建对照组：

$$Pr(X_i) \equiv Pr\{net = 1 | X_i\} = E(net | X_i) \quad (4-7)$$

其中，X_i 为匹配变量；$Pr\{net = 1 | X_i\}$ 为企业在 X_i 特征下，企业进行互联网应用的概率；$Pr(X_i)$ 为倾向指数。倾向得分匹配结束后，再进行互联网的使用对出口企业经营行为的影响效果的测算：

$$ATT_{PSM} = \frac{1}{n} \sum_{i \in (net=1)} \left[Exp_i - \sum_{i \in (net=0)} g(p_i, p_j) \, Exp_j \right] \quad (4-8)$$

其中，p_i 表示使用互联网的出口企业 i 使用互联网的 Logit 模型预测值，p_j 表示并未使用互联网的出口企业 j（对照组）使用互联网的 Logit 模型预测值；n 为与企业 i 匹配的企业总数；$g(p_i, p_j)$ 为权重指数，即当企业 j 的 Exp_j^0 作为企业 i 的 Exp_i^0 的替代时，对企业 j 的 Exp_j^0 所施加的权重。

虽然 PSM 方法控制住了处理组与对照组出口企业之间可观测的企业特征差异，但遗憾的是，处理组与对照组企业之间依旧存在不可观测差异以及遗漏变量问题,因此,本章使用基于倍差法的 PSM – DID 方法来解决以上问题。

$$ATT_{PSM-DID} = \frac{1}{n} \sum_{i \in (net=1)} \left[\Delta Exp_i - \sum_{i \in (net=0)} g(p_i, p_j) \Delta Exp_j \right]$$

$$(4-9)$$

在具体实施上,首先,进行倾向得分适用条件检验。由于只有与企业使用互联网相关的变量才能作为匹配变量,因此以企业邮箱和企业网页的使用作为被解释变量,以企业规模、企业生产率、企业年龄、劳动资本比、融资约束、政府补贴、企业性质作为解释变量,进行相应回归,以检验匹配变量和互联网使用的关系。检验结果如表 4 – 4 所示,各变量对是否使用企业邮箱和企业网页的影响较为显著。

其次,进行平衡性检验。对于平衡性检验,依据 Smith 和 Todd(2005)的做法,以此估计进行 PSM 匹配后处理组和比较组的标准偏差,标准偏差越小,表明匹配效果越好。当匹配变量的标准偏差不超过 10%,则能够接受平衡性假设(Rosenbaum 和 Rubin,1985)。本章仅展示企业邮箱对企业出口规模影响的协变量平衡检验结果,平衡性条件检验如表 4 – 4 和图 4 – 1 所示。结果显示,PSM 匹配后处理组和比较组偏差均小于 5%,且 t 检验不存在显著差异,说明匹配时满足了平衡条件。

表 4 – 4　企业邮箱对企业出口规模影响的协变量平衡检验结果

| 变量 | Logit 回归结果 | | 均值 | | 平衡检验 | | t 检验 | |
	系数	样本	处理组	对照组	标准偏差(%)	标准偏差降低程度(%)	t 统计量	伴随概率
fs	0.118 1	匹配前	5.30	5.08	19.4	95.2	49.70	0.000
	(32.75)	匹配后	5.30	5.31	−0.9		−1.91	0.056
lp	−2.49	匹配前	478.13	452.87	0.8	77.9	2.70	0.007
	(6.30)	匹配后	454.82	460.40	−0.2		−0.78	0.434

续表

Logit 回归结果			均值		平衡检验		t 检验	
变量	系数	样本	处理组	对照组	标准偏差（%）	标准偏差降低程度（%）	t 统计量	伴随概率
age	0.027 3	匹配前	10.11	7.92	26.5	87.9	71.51	0.000
	(53.88)	匹配后	10.11	9.85	3.2		5.92	0.000
lcr	0.000 1	匹配前	149.41	108.90	1.0	97.9	3.29	0.001
	(6.43)	匹配后	116.01	116.85	-0.0		-0.46	0.647
fin	0.342 5	匹配前	0.18	0.18	3.8	38.0	9.58	0.000
	(14.14)	匹配后	0.18	0.19	-2.4		-4.93	0.000
gov	0.349 9	匹配前	0.45	0.36	19.2	85.9	49.04	0.000
	(43.30)	匹配后	0.458 5	0.471 7	-2.7		-5.57	0.000

观测值 325 154

伪 R^2 0.020 6

注：括号内数值为 Z 统计量。

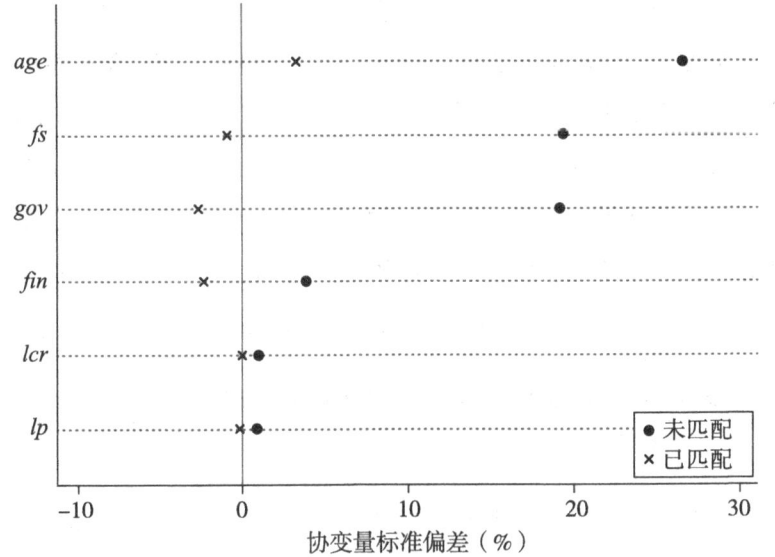

图 4-1　协变量平衡检验结果

在进行匹配时，参照已有文献（Lu et al, 2015）的做法对数据进行逐年匹配。具体而言，在面板数据的每期截面上进行逐期匹配，这种方法有效地解决了自匹配问题。选择 K 近邻匹配法进行匹配，匹配比例为 1∶5。选取企业规模、企业生产率、企业年龄、劳动资本比、融资约束、政府补贴作为描述出口企业特征的匹配变量，同时控制了年份固定效应、行业固定效应、省份固定效应和企业性质。

之后，进一步利用多期双重差分方法（多期 DID）解决不可观测差异以及遗漏变量问题。具体回归方程设定如下：

$$EXP_{it} = \beta_0 + \beta_1 net_{it} + \beta_2 dt_{it} + \beta_3 net_{it} \cdot dt_{it} + \beta_3 X_{it} + \gamma_i + \xi_t + \varepsilon_{it}$$

$$(4-10)$$

式中，如果观测值为使用互联网企业，则 net 为 1，否则 net 为 0；若观测值处于使用互联网当年及以后年份，则 dt 为 1，否则 dt 为 0。其他变量的定义如前文所述。DID 模型中各个参数的含义详见表 4-5。

表 4-5　DID 模型中各个参数的含义

组别	互联网使用前 （$dt=0$）	互联网使用后 （$dt=1$）	差异
处理组（$net=1$）	$\beta_0 + \beta_1$	$\beta_0 + \beta_1 + \beta_2 + \beta_3$	$\Delta Y_t = \beta_2 + \beta_3$
控制组（$net=0$）	β_0	$\beta_0 + \beta_2$	$\Delta Y_0 = \beta_2$
DID			$\Delta\Delta Y = \beta_3$

表 4-5 中，处理组（$net=1$）为使用了互联网的企业，控制组（$net=0$）为未使用互联网的企业。β_0、β_1、β_2、β_3 均为式（4-10）的回归系数。具体说明见下文。

由式（4-10）可以发现，对于使用互联网的企业（$net=1$），使用互联网前后的企业出口行为变动分别是 $\beta_0 + \beta_1$ 和 $\beta_0 + \beta_1 + \beta_2 + \beta_3$，使用互联网企业出口行为的变动幅度为 $\Delta Y_t = \beta_2 + \beta_3$，其中，$\Delta Y_t$ 包括了企业互联网使用和其他相关决策的作用。同样地，对于未使用互联网的企业（$net=0$），其他企业使用互联网前后的企业出口行为变动的幅度为 β_0 和 $\beta_0 + \beta_2$，可见，没有使用互联网的企业在其他企业使用互联网前后的企业出口行为变动为 $\Delta Y_0 = \beta_2$，这个差异并没有包含互联网使用的影响，因此，用处理组企业（$net = 1$）在互联网使用前后的企业出口行为变化 $\Delta Y_t = \beta_2 + \beta_3$，减去控制组企业（$net = 0$）在其他企业使用互联网后的企业出口行为变化 $\Delta Y_0 = \beta_2$，得到互联网的使用对使用互联网企业的出口行为的影响 $\Delta\Delta Y = \beta_3$。这是本章使用 PSM – DID 方法估计中 DID 的重点。如果互联网的使用影响了企业出口规模和出口产品质量，那么 β_3 的系数应当显著为正。

稳健性检验结果（表 4 – 6）显示，企业邮箱和企业网页的使用均对出口企业出口规模起积极作用，分别为 7.48% 和 14.39%，结果在 1% 的水平上显著。企业网页使用的影响要大于企业邮箱影响。企业邮箱和企业网页的使用对出口企业出口产品质量也呈正相关关系，分别为 0.48% 和 0.76%，结果在 1% 的水平上显著。同样，企业网页使用的影响要大于企业邮箱影响。结果同基准回归结果一致，具有稳健性。与基准回归结果相比，整体而言，倾向得分匹配后的结果要稍大于基准回归结果，即进行匹配后，互联网对于企业出口行为的影响要大于基准回归，这意味着解决了自选择问题后，互联网对于企业出口行为的影响更为突出。由此可见，互联网对于企业出口行为有显著改进作用，这一结论是稳健的。

表 4 – 6　稳健性检验结果

变量	(1) lnSumEx	(2) stdquality	(3) lnSumEx	(4) stdquality
email	0.074 8*** (4.50)	0.004 8*** (2.69)		
web			0.143 9*** (4.73)	0.007 6*** (3.69)
fs	0.499 2*** (38.62)	0.013 9*** (13.39)	0.518 9*** (24.70)	0.013 9*** (13.35)

变量	(1) lnSumEx	(2) stdquality	(3) lnSumEx	(4) stdquality
lp	0.000 1 *** (3.81)	2.930 6 *** (2.80)	0.000 1 *** (2.70)	2.920 6 *** (2.80)
age	0.000 1 (0.05)	− 0.000 05 (− 0.33)	0.001 1 (0.48)	− 0.000 05 (− 0.34)
lcr	0.000 06 * (1.75)	1.480 6 (0.45)	0.000 02 (0.30)	1.490 6 (0.45)
fin	0.328 6 *** (13.12)	0.012 2 *** (4.65)	0.280 3 *** (6.99)	0.012 2 *** (4.67)
gov	0.097 1 *** (13.09)	0.002 6 *** (3.46)	0.117 9 *** (10.05)	0.002 6 *** (3.45)
年份	控制	控制	控制	控制
省份	控制	控制	控制	控制
行业类别	控制	控制	控制	控制
企业性质	控制	控制	控制	控制
观察值数量	136 797	136 797	136 797	136 797
R^2	0.156 1	0.003 3	0.104 2	0.003 1
面板分组数	73 792	73 792	73 792	73 792

注：括号内数值为 Z 统计量；***、* 分别表示在 1%、10% 的水平上显著。

4.4 异质性分析

本章主要做了三个异质性分析。首先，考察了互联网对不同所有制企业出口行为的影响；其次，考察了互联网对于不同贸易方式企业出口行为的影响；最后，考察了互联网对不同规模企业出口行为的影响。

4.4.1 互联网对不同所有制企业出口行为的影响

根据中国工业企业数据库对企业类型的划分方法，依据实收资本占比将企业分为国有企业、其他内资企业和外资企业三个子样本，分别考察互联网对这三类企业出口行为的影响。

表4-7和表4-8第（1）和第（4）列展现了国有企业的企业邮箱和企业网页的使用对企业出口行为的影响。根据回归结果可知，对于国有企业而言，企业邮箱对国有企业的出口规模影响系数为-0.0679，对出口产品质量的影响系数为-0.0121，但企业邮箱对于两者的作用并不显著；同样，企业网页对国有企业出口规模的影响系数为-0.1660，对出口产品质量的影响系数为0.0034，效果也并不显著；互联网的使用对国有企业的出口规模和出口产品质量的作用并不显著。这可能是因为：第一，国有企业的公有产权属性，导致国有企业效率低下，存在生产效率和创新效率双重损失，这使得国有企业在面对互联网带来的信息技术变革时，交易成本和创新绩效并未得到改善，从而导致其出口规模和出口产品质量无法得到提升；第二，国有企业拥有雄厚的资金和技术力量，并不缺乏资金和技术支持，这在一定程度上削弱了其对互联网使用的敏感程度，而非国有企业由于资金和技术较为匮乏，互联网能够通过其互通互联的功能，缓解企业资金和技术不足的困境，在互联网使用过程中，非国有企业能够突破时空障碍，其出口规模和出口产品质量的提升空间较大，使其更容易通过互联沟通、技术溢出等渠道进行企业升级，进一步实现企业出口行为的改进与提升。吴延兵（2012）的研究中也得出类似的结论。

表4-7和表4-8第（2）、第（5）和第（3）、第（6）列展现了民营企业和外资企业的企业邮箱和企业网页的使用对企业出口行为的影响。对于民营企业而言，企业邮箱对民营企业出口规模的影响系数为0.0867，对出口产品质量的影响系数为0.0035；企业网页对民营企业出口规模的影响系数为0.1296，对出口产品质量的影响系数为0.0047，均呈现显著作用。对于外资企业而言，企业邮箱对外资企业出口规模的影响系数为

0.067 6，对出口产品质量的影响系数为 0.004 0，均呈现显著作用。企业网页对外资企业出口规模的影响系数为 0.096 5，对出口产品质量的影响系数为 0.007 6，均呈现显著作用。

表4－7　企业性质异质性分析：企业邮箱

变量	企业出口规模影响系数			出口产品质量影响系数		
	(1) 国有企业	(2) 民营企业	(3) 外资企业	(4) 国有企业	(5) 民营企业	(6) 外资企业
email	− 0.067 9	0.086 7 ***	0.067 6 ***	− 0.012 1	0.003 5 **	0.004 0 **
	(− 0.48)	(3.91)	(3.23)	(− 1.35)	(2.07)	(2.41)
fs	0.209 4 **	0.503 5 ***	0.516 1 ***	0.000 8	0.013 0 ***	0.014 8 ***
	(1.80)	(29.96)	(27.74)	(0.15)	(14.06)	(16.24)
lp	0.000 02 **	0.000 2 ***	0.000 08	6.680 7	6.660 6 ***	2.660 6
	(2.85)	(5.72)	(2.20)	(1.17)	(4.57)	(2.67)
age	0.000 02	− 0.002 0	0.002 0	− 0.000 03	− 0.000 1	0.000 02
	(0.01)	(− 1.22)	(0.85)	(− 0.07)	(− 1.57)	(0.14)
lcr	2.230 7	0.000 06	− 7.030 6	6.240 7	− 1.220 6	2.540 6
	(0.15)	(0.84)	(− 0.12)	(3.18)	(− 0.30)	(0.85)
fin	0.941 0	0.281 6 ***	0.434 6 ***	0.067 8 ***	0.008 8 ***	0.015 9 ***
	(2.45)	(6.78)	(14.42)	(2.63)	(3.50)	(7.82)
gov	0.189 2 **	0.144 0 ***	0.064 6	0.002 4	0.002 8 ***	0.002 9 ***
	(2.77)	(13.95)	(6.32)	(0.47)	(4.25)	(4.04)
年份	控制	控制	控制	控制	控制	控制
省份	控制	控制	控制	控制	控制	控制
行业类别	控制	控制	控制	控制	控制	控制
观察值数量	5 015	147 173	172 964	5 015	147 173	172 964
调整后的 R^2	0.003 2	0.084 2	0.107 2	0.013 7	0.000 5	0.017 4
面板分组数	2 934	71 488	84 426	2 934	71 488	84 426

注：括号内数值为 Z 统计量；***、** 分别表示在 1%、5% 的水平上显著。

同时，本章发现，企业邮箱和企业网页对于民营企业出口规模的作用要大于其对于外资企业的作用。这可能是由于在未使用互联网时期，民营企业与外界沟通交流较少，因此一旦使用互联网，民营企业与国际市场沟通交流增加，获利机会相对较多。由此可知，互联网的使用对国有企业的出口行为作用并不显著，而对民营企业和外资企业的出口行为有显著提升作用。

表4-8 企业性质异质性分析：企业网页

变量	企业出口规模影响系数			出口产品质量影响系数		
	(1)	(2)	(3)	(4)	(5)	(6)
	国有企业	民营企业	外资企业	国有企业	民营企业	外资企业
web	-0.166 0	0.129 6***	0.096 5**	0.003 4	0.004 7***	0.007 6***
	(1.03)	(4.98)	(2.75)	(0.30)	(2.73)	(4.03)
fs	0.321 5**	0.490 5***	0.483 5***	0.012 7**	0.012 4***	0.014 1***
	(2.76)	(30.63)	(21.88)	(2.14)	(13.70)	(13.07)
lp	0.000 02	0.000 2***	0.000 06**	1.033 6	7.290 6***	2.200 6*
	(1.61)	(6.52)	(2.11)	(1.21)	(5.73)	(2.69)
age	0.009 7	-0.001 4	0.000 4	0.000 2	-0.000 1	0.000 1
	(1.60)	(-0.79)	(0.15)	(0.58)	(-1.19)	(0.62)
lcr	0.000 4*	0.000 01	0.000 1	0.000 01*	-3.050 6	2.640 6
	(1.85)	(0.24)	(0.30)	(1.73)	(-0.98)	(0.80)
fin	0.879 5**	0.235 0***	0.489 9***	0.005 2	0.007 5***	0.012 4***
	(2.11)	(5.45)	(12.37)	(0.18)	(2.95)	(4.61)
gov	0.122 0*	0.124 0***	0.074 0	0.001 9	0.002 3***	0.002 8***
	(1.88)	(11.27)	(6.31)	(0.43)	(3.49)	(3.40)
年份	控制	控制	控制	控制	控制	控制
省份	控制	控制	控制	控制	控制	控制
行业类别	控制	控制	控制	控制	控制	控制
观察值数量	5 015	147 173	172 964	5 015	147 173	172 964
调整后的 R^2	0.003 2	0.084 2	0.127 0	0.003 5	0.000 2	0.013 8
面板分组数	2 934	71 488	84 426	2 934	71 488	84 426

注：括号内数值为 Z 统计量；***、**、* 分别表示在1%、5%、10%的水平上显著。

4.4.2 互联网对不同贸易方式企业出口行为的影响

根据中国工业企业数据库对企业类型的划分方法，本章进一步区分一般贸易企业和加工贸易企业，分别考察互联网对这两类企业出口行为的影响。其中，一般贸易企业是指在国内完成全部生产过程的企业，而加工贸易企业是指产品零部件在中国完成组装的企业。

表4-9和表4-10显示，互联网的使用对于不同贸易形式的企业出口行为选择均有积极影响。对于一般贸易企业而言，企业邮箱对其出口行为有积极作用，对其出口规模的影响系数为0.082 5，对其出口产品质量的影响系数为0.003 0；企业网页对其出口规模的影响系数为0.173 7，对其出口产品质量的影响系数为0.006 3，两者呈现显著作用。对于加工贸易企业而言，企业邮箱对其出口规模的影响系数为0.065 0，对其出口产品质量的影响系数为0.006 1。企业网页对其出口规模的影响系数为0.101 9，对其出口产品质量的影响系数为0.009 6，回归系数均显著。

表4-9 企业贸易方式异质性：企业邮箱

变量	企业出口规模影响系统		出口产品质量影响系统	
	（1）一般贸易	（2）加工贸易	（3）一般贸易	（4）加工贸易
email	0.082 5*** (4.65)	0.065 0*** (2.21)	0.003 0** (2.42)	0.006 1*** (2.40)
fs	0.466 7*** (29.93)	0.525 8*** (29.02)	0.012 2*** (16.82)	0.017 2*** (14.45)
lp	0.000 1*** (2.76)	0.000 1*** (2.83)	4.370 6*** (3.19)	2.220 6** (2.12)
age	−0.000 7 (−0.45)	0.000 7 (0.27)	−0.000 03 (−0.40)	−0.000 2 (−1.01)
lcr	4.420 7 (0.06)	0.000 1* (1.73)	3.860 7 (1.36)	5.970 9** (1.87)
fin	0.340 3*** (11.79)	0.318 0*** (8.67)	0.010 7*** (5.85)	0.013 2*** (5.01)
gov	0.114 1*** (14.77)	0.057 8*** (3.61)	0.002 7*** (5.57)	0.004 0*** (3.38)
年份	控制	控制	控制	控制
省份	控制	控制	控制	控制

续表

变量	企业出口规模		出口产品质量	
	(1) 一般贸易	(2) 加工贸易	(3) 一般贸易	(4) 加工贸易
行业类别	控制	控制	控制	控制
观察值数量	255 125	70 029	255 125	70 029
调整后的 R^2	0.061 2	0.092 5	0.003 2	0.005 2
面板分组数	103 546	30 905	103 546	30 905

表 4-10　企业贸易方式异质性：企业网页

变量	企业出口规模影响系数		出口产品质量影响系数	
	(1) 一般贸易	(2) 加工贸易	(3) 一般贸易	(4) 加工贸易
web	0.173 7***	0.101 9***	0.006 3***	0.009 6***
	(8.81)	(2.39)	(4.61)	(2.66)
fs	0.465 9***	0.525 0***	0.012 1***	0.017 1***
	(29.89)	(28.96)	(16.78)	(14.41)
lp	0.000 1***	0.000 1***	4.370 0***	2.200 6**
	(2.76)	(2.83)	(3.19)	(2.12)
age	-0.000 6	0.000 7	-0.000 03	-0.000 2
	(-0.43)	(0.25)	(-0.39)	(-1.02)
lcr	3.950 7	0.000 1*	3.850 7	5.980 6**
	(0.05)	(1.73)	(1.36)	(1.87)
fin	0.341 6***	0.317 6***	0.010 7***	0.013 1***
	(11.84)	(8.66)	(5.88)	(5.00)
gov	0.114 7***	0.057 4***	0.002 8***	0.004 0***
	(14.86)	(3.59)	(5.62)	(3.35)
年份	控制	控制	控制	控制
省份	控制	控制	控制	控制
行业类别	控制	控制	控制	控制
观察值数量	255 125	70 029	255 125	70 029
调整后的 R^2	0.061 2	0.092 7	0.002 9	0.005 0
面板分组数	103 546	30 905	103 546	30 905

注：括号内数值为 Z 统计量；***、**、*分别表示在1%、5%、10%的水平上显著。

对比发现，互联网对一般贸易企业出口规模的影响大于对加工贸易企业出口规模的影响（0.082 5＞0.065 0）。这可能是因为，加工贸易企业大多数是通过进料加工、来料加工等形式来进行产品出口，其在互联网使用之前已经拥有相当程度的对外交流渠道，基于此，加工贸易企业的出口规模并不会有明显提升。而一般贸易企业的产品生产大多数在国内完成，对外交流渠道较为缺乏，互联网的使用使得国内外市场沟通渠道畅通，因此互联网对一般贸易企业出口规模影响较大。与此相反，对于企业出口产品质量，互联网对加工贸易企业的影响大于对一般贸易企业的影响（0.003 0＜0.006 1）。原因可能是，一般而言，加工贸易企业初始生产率较低（戴觅和余淼杰，2014），而随着互联网的使用，加工贸易企业受到技术外溢的影响更大，生产率提升速度较快，因此互联网对加工贸易企业的出口产品质量产生更为积极的作用。

4.4.3 互联网对不同规模企业出口行为的影响

本章依据企业人员数量多少将企业分为小型企业（10～100人），中型企业（101～500人）和大型企业（500人以上）。

回归分析的结果显示见表4－11和表4－12，对小型企业而言，企业邮箱对小型企业出口规模和出口产品质量的影响系数分别为0.054 0和0.000 8，作用并不显著；企业网页对小型企业出口规模的影响系数为0.159 2，对其出口产品质量的影响系数为0.008 5，回归系数显著。对中型企业而言，企业邮箱和企业网页均对企业出口行为有积极作用。企业邮箱对中型企业出口规模的影响系数为0.067 5，对其出口产品质量的影响系数为0.004 9；企业网页对中型企业出口规模的影响系数为0.120 7，对其出口产品质量的影响系数为0.008 2。对大型企业而言，企业网页和企业邮箱对企业出口行为也有积极作用。企业邮箱对大型企业出口规模的影响系数为0.078 6，对其出口产品质量的影响系数为

0.004 2，回归系数显著。企业网页对大型企业出口规模的影响系数为 0.156 2，对其出口产品质量的影响系数为 0.006 2。

表 4-11　企业规模异质性：企业邮箱

变量	企业出口规模影响系数			出口产品质量影响系数		
	(1)	(2)	(3)	(4)	(5)	(6)
	小型企业	中型企业	大型企业	小型企业	中型企业	大型企业
$email$	0.054 0	0.067 5**	0.078 6***	0.000 8	0.004 9**	0.004 2***
	(1.06)	(1.75)	(4.24)	(0.22)	(1.67)	(3.13)
fs	0.459 1***	0.617 1***	0.608 2***	0.012 7***	0.018 0***	0.017 3***
	(10.52)	(12.65)	(42.38)	(4.50)	(5.57)	(20.13)
lp	0.000 04**	0.000 1**	0.000 2***	2.310 6***	3.780 6*	6.940 6***
	(1.98)	(1.88)	(5.64)	(2.16)	(1.74)	(4.99)
age	-0.005 9	-0.003 3	0.000 4	-0.001	-0.000 09	0.000 07
	(-0.88)	(-0.70)	(0.28)	(-0.34)	(-0.39)	(-0.81)
lcr	1.770 6	0.000 2***	0.000 1	5.850 7	-6.720 6**	6.320 6
	(0.02)	(3.06)	(1.53)	(0.11)	(1.85)	(1.51)
fin	0.200 4***	0.306 3***	0.345 6***	0.001 4	0.008 5***	0.014 0***
	(3.11)	(5.35)	(12.01)	(0.32)	(2.35)	(7.56)
gov	0.114 1***	0.112 2***	0.096 8***	0.005 0***	0.002 5***	0.002 4***
	(5.07)	(6.41)	(11.74)	(3.06)	(2.29)	(4.60)
年份	控制	控制	控制	控制	控制	控制
省份	控制	控制	控制	控制	控制	控制
行业类别	控制	控制	控制	控制	控制	控制
观察值数量	44 309	64 946	215 341	44 309	64 946	215 341
调整后的 R^2	0.004 0	0.007 7	0.072 2	0.000 1	0.002 9	0.002 6
面板分组数	26 001	35 941	78 464	26 001	35 941	78 464

注：括号内数值为 Z 统计量；***、** 分别表示在 1%、5% 的水平上显著。

由此可见：①企业邮箱的使用对于中型和大型企业的出口行为有显著的促进作用，但是对于小型企业的作用并不显著。这可能是因为在出口过程中，与电子商务平台不同，企业邮箱更多是起到一对一沟通的作用。中型和大型企业在一对一沟通中因为其品牌效应，具有较好的社会形象，往往更具有优势，因此企业邮箱的使用对于中型企业和大型企业的出口规模和出口产品质量的影响显著。而小型企业因为其品牌效应不足，在一对一沟通中不占据有利地位，因此，企业邮箱的使用对于小型企业出口规模和出口产品质量的影响不显著。②企业网页的使用则对小型、中型、大型企业的出口规模和企业出口产品质量都具有积极作用。企业网页作为企业信息和企业商品展示的平台，不仅面向广大消费者，同时面向广大厂商。海外市场可以通过企业网页来了解企业相关信息，进而进行商业交流谈判，因此企业网页的使用促使企业出口行为的改进。

表 4 - 12　企业规模异质性：企业网页

变量	企业出口规模影响系数			出口产品质量影响系数		
	(1)	(2)	(3)	(4)	(5)	(6)
	小型企业	中型企业	大型企业	小型企业	中型企业	大型企业
web	0.159 2***	0.120 7***	0.156 2***	0.008 5**	0.008 2***	0.006 2**
	(2.78)	(2.68)	(7.07)	(2.01)	(2.50)	(3.99)
fs	0.457 9***	0.616 4***	0.606 9***	0.012 6***	0.018 0***	0.017 2***
	(10.49)	(12.64)	(42.32)	(4.47)	(5.56)	(20.09)
lp	0.000 04**	0.000 1***	0.000 2***	2.330 6***	3.780 6**	6.910 6***
	(1.98)	(1.88)	(5.64)	(2.17)	(1.74)	(4.98)
age	-0.006 1	-0.003 2	0.000 5	-0.000 1	-0.000 9	-0.000 07
	(-0.91)	(-0.69)	(0.30)	(-0.36)	(-0.38)	(-0.80)
lcr	7.960 8	0.000 2***	0.000 1	4.970 7	6.720 6**	6.310 6
	(0.01)	(3.06)	(1.53)	(0.10)	(1.85)	(1.51)
fin	0.201 0***	0.306 7***	0.347 0***	0.001 4***	0.008 6***	0.014 0**
	(3.13)	(5.36)	(12.06)	(0.33)	(2.36)	(7.60)
gov	0.114 2***	0.112 0***	0.097 2***	0.005 0***	0.002 5***	0.002 4***
	(5.07)	(6.41)	(11.80)	(3.07)	(2.28)	(4.61)
年份	控制	控制	控制	控制	控制	控制
省份	控制	控制	控制	控制	控制	控制
行业类别	控制	控制	控制	控制	控制	控制
观察值数量	44 309	64 946	215 341	44 309	64 946	215 341
调整后的 R^2	0.000 1	0.007 4	0.072 0	0.000 1	0.002 5	0.002 3
面板分组数	26 001	35 941	78 464	26 001	35 941	78 464

注：括号内数值为 Z 统计量；***、** 分别表示在 1%、5% 的水平上显著。

总的来说，企业邮箱和企业网页对于大型企业出口规模的影响要大于其对于中型企业出口规模的影响。其原因可能是大型企业具有相对完善的贸易机制，商业信用优于中型企业。对于大型企业而言，对外贸易中同交易方交流更具优势。同时，大型企业巨大的产能也为出口交易的规模赋能。

4.5 拓展分析：机制检验

前文实证研究表明互联网对企业出口行为有显著影响，本节基于理论分析，从交易成本视角出发，对互联网影响企业出口行为的内在机制进行检验。本节主要分析交易成本渠道。依据前文的分析，互联网的使用主要是通过降低交易成本实现企业出口行为的转变，借鉴已有文献（石大千等，2020），分别选择管理费用（$glfy$）、销售费用（$xsfy$）、财务费用（$cwfy$）来度量交易成本，均以其与工业销售产值的比值来衡量。以上数据均来自2004—2009年的中国工业企业数据库。各变量的具体定义以及说明见表4-13。

表4-13 变量及变量说明

变量	变量说明
管理费用（$glfy$）	企业在经营管理中产生的费用，以企业管理费用与工业销售产值的比值来衡量
销售费用（$xsfy$）	企业在销售过程中发生的费用，以企业销售费用与工业销售产值的 H 值来衡量
财务费用（$cwfy$）	企业在生产经营过程中，为筹集资金所花费的费用，以企业财务费用与工业销售产值的比值来衡量

第一，从管理费用渠道来看，由表4-14和表4-15的第（1）、第（4）列可知，企业邮箱和管理费用的交叉项（$email^* glfy$）对企业出口规模的影响系数为 -0.514 2，回归结果显著。企业邮箱和管理费用的交叉项对出口产品质量的影响系数为

－0.015 8。企业网页和管理费用的交叉项（*web* * *glfy*）对企业出口规模的影响系数为－0.426 5，企业网页和管理费用的交叉项对企业出口产品质量的影响系数为－0.011 7，回归结果均显著。由此可见，互联网通过管理费用渠道影响企业出口行为。从管理费用作用机制来看，互联网的使用通过降低管理费用提升企业出口行为。由于公司部门层级较多，信息在各个部门之间传达存在信息扭曲，导致管理效率低下。同时，员工在工作中存在机会主义行为，投机取巧行为存在，使得形式主义、官僚主义产生。而新兴信息技术的使用，倒逼企业进行企业组织方式的转变，提高管理效率，进而降低管理费用。管理效率的提高，促使企业优化生产结构，生产效率提高，进而影响企业出口规模和出口产品质量。企业邮箱在公司的交流中起着重要作用，大多数公司内部交流通过企业邮箱来进行。而企业网页也是公司信息展示的重要平台，企业网页的开设有助于公司信息的公开和传达。借助企业邮箱和企业网页，公司信息和政策可以迅速传递，抑制传达失误和机会主义行为。

第二，从销售费用渠道来看，由表4－14和表4－15的第（2）、第（5）列可知，销售费用渠道对企业出口行为的影响并不明显。企业邮箱和销售费用的交叉项（*email* * *xsfy*）对企业出口规模的影响系数为0.271 8，作用并不显著。企业邮箱和销售费用的交叉项（*email* * *xsfy*）对企业出口产品质量的影响系数为0.006 1，作用并不显著。企业网页和销售费用的交叉项（*web* * *xsfy*）对企业出口规模的影响系数为0.400 7，回归系数显著，由此可见企业网页通过影响销售费用对企业出口规模起积极作用。企业网页和销售费用的交叉项（*web* * *xsfy*）对企业出口产品质量的影响系数为0.016 6，作用并不显著。这一现象说明，企业邮箱使用可能并不通过影响销售费用渠道来影响企业出口行为。企业邮箱在交易过程中更多充当交流工具作用，在邮箱出现之前，已经具有相当成本低廉的替代品，因此邮箱的使用对于销售费用的影响并不大。值得注意的是，企业网页的使用，增加了企业销售费用，企业需要以网络平台来进行产品销售，而网络平台的使用，带动了出口规模的增长。数字经济时代，互联网广告、电子商务平台等的出现使得企业加强线上营销，这无疑增加了宣传营销成本，但却打开了企业知名度，进而扩大出口规模。

表4－14　拓展分析：企业邮箱

变量	企业出口规模影响系数			出口产品质量影响系数		
	(1) 管理费用	(2) 销售费用	(3) 财务费用	(4) 管理费用	(5) 销售费用	(6) 财务费用
$email * glfy$	$-0.5142***$ (-3.60)			$-0.0158***$ (-2.13)		
$email * xsfy$		0.2718 (1.47)			0.0061 (0.42)	
$email * cwfy$			-0.6696 (-1.39)			-0.00005 (-0.45)
年份	控制	控制	控制	控制	控制	控制
省份	控制	控制	控制	控制	控制	控制
行业类别	控制	控制	控制	控制	控制	控制
观察值数量	325 152	325 152	325 152	325 152	325 152	325 152
调整后的 R^2	0.123 5	0.122 8	0.122 8	0.010 7	0.010 6	0.010 6
面板分组数	119 495	119 495	119 495	119 495	119 495	119 495

注：括号内数值为 Z 统计量；$***$ 表示在1%的水平上显著。

第三，从财务费用渠道来看，由表4－14和表4－15的第(3)、第(6)列可知，财务费用渠道对企业出口行为的影响并不明显。互联网通过财务费用渠道影响企业出口规模和产品质量的机制效果并不显著，企业邮箱和财务费用的交叉项（$email * cwfy$）对企业出口规模的影响系数为 -0.6696；企业邮箱和财务费用的交叉项（$email * cwfy$）对企业出口产品质量的影响系数为 -0.00005；企业网页和财务费用的交叉项（$web * cwfy$）对企业出口规模的影响系数为 0.004 4；企业网页和财务费用的交叉项（web^*cwfy）对企业出口产品质量的影响系数为 −0.000 2。这可能是因为，企业邮箱和企业网页的使用并不能直接影响企业财务费用，财务费用更多是受财务软件使用的影响，因此使用企业邮箱和企业网页作为代理变量，影响效果并不显著。

基于上述分析，本章研究发现，从管理费用渠道来看，企业邮箱和企业网页的使用通过降低管理费用改善企业出口行为选择。从销售费用渠道来看，企业网页通过影响销售费用对企业出口规模起积极作用。从财务费用渠道来看，财务费用渠道对企业出口行为的影响并不明显。

表 4 −15　拓展分析：企业网页

变量	企业出口规模影响系数			出口产品质量影响系数		
	(1) 管理费用	(2) 销售费用	(3) 财务费用	(4) 管理费用	(5) 销售费用	(6) 财务费用
web^*glfy	−0.426 5*** (−2.61)			−0.011 7*** (−1.66)		
web^*xsfy		0.400 7*** (2.98)			0.016 6 (1.27)	
web^*cwfy			0.004 4 (1.16)			−0.000 2 (−1.34)
年份	控制	控制	控制	控制	控制	控制
省份	控制	控制	控制	控制	控制	控制
行业类别	控制	控制	控制	控制	控制	控制
观察值数量	325 152	325 152	325 152	325 152	325 152	325 152
调整后的 R^2	0.118 4	0.116 7	0.117 1	0.013 1	0.006 9	0.006 9
面板分组数	119 495	119 495	119 495	119 495	119 495	119 495

注：括号内数值为 Z 统计量；*** 表示在 1% 的水平上显著。

第5章 总结与展望

5.1 研究结论与政策建议

在回顾互联网经济效应和企业出口行为的相关研究的基础上，利用我国 2004—2009 年海关数据和工业企业数据构建了企业层面的数据，并基于固定效应模型分析了企业应用互联网这一行为对企业出口行为的影响。同时，根据不同所有权性质、不同贸易方式、不同企业规模进行分样本回归以分析互联网对于异质性企业出口行为的影响。此外，本篇拓宽研究内容，将交易成本引入分析框架中，分析管理费用渠道、销售费用渠道和财务费用渠道对于企业出口行为的影响。实证结果如下：

（1）互联网的使用对企业出口行为有显著的提升作用。企业邮箱对企业出口规模以及出口产品质量有显著的提升作用。企业邮箱的使用使得企业额增加约 11.57%，企业出口产品质量提升约 0.38%。同样地，企业网页的使用对企业出口行为也有显著的提升作用。企业网页的使用使得企业出口额增加约 11.33%，企业出口产品质量提升约 0.26%。使用 PSM－DID 方法回归得到，企业邮箱和企业网页的使用均对企业出口规模起积极作用，分别为 7.48% 和 14.39%，结果在 1% 的水平上显著。企业网页使用的影响要大于企业邮箱影响。企业邮箱和企业网页的使用对企业出口产品质量也呈正相关关系，分别为 0.48% 和 0.76%，结果在 1% 的水平上显著。同样地，企业网页使用的影响要大于企业邮箱影响，结果同基准回归结果一致，具有稳健性，由此可见，互联网对于企业出口行为有显著改进作用。互联网通过技术外溢渠道、资源配置渠道交易成本渠道对于企业出口行为产生积极影响。

（2）互联网对企业出口行为的影响具有异质性。对企业所有制异质性进行分样本回归得出，互联网的使用对国有企业出口规模和出口产品质量作用并不显著，而对民营企业和外资企业的出口规模和出口产品质量有显著提升作用。对于国有企业而言，企业邮箱对国有企业出口规模影响系数为 -0.067 9，对出口产品质量的影响系数为 -0.012 1，但企业邮箱对于两者的作用并不显著；同样地，企业网页对国有企业出口规模的影响系数为 -0.166 0，对出口产品质量的影响系数为 0.003 4，效果也并不显著；这可能是因为国有企业公有产权属性和国有企业雄厚的资金和技术力量导致的。对于民营企业而言，企业邮箱对民营企业出口规模的影响系数为 0.086 7，对出口产品质量的影响系数为 0.003 5；企业网页对民营企业出口规模的影响系数为 0.086 7，对出口产品质量的影响系数为 0.003 5，均呈现显著效果。对于外资企业而言，企业邮箱对外资企业出口规模的影响系数为 0.067 6，对出口产品质量的影响系数为 0.004 0，均呈现显著作用。企业网页对外资企业出口规模的影响系数为 0.096 5，对出口产品质量的影响系数为 0.007 6，均呈现显著作用。

对企业贸易方式异质性进行分样本回归得出，互联网对一般贸易企业出口规模的影响大于对加工贸易企业出口规模的影响。而互联网对加工贸易企业出口产品质量影响大于对一般贸易企业出口产品质量的影响。对于一般贸易企业而言，企业邮箱对企业出口行为有积极作用，对其出口规模的影响系数为 0.082 5，对其出口产品质量的影响系数为 0.003 0；企业网页对其出口规模的影响系数为 0.173 7，对其出口产品质量的影响系数为 0.006 3，两者呈现显著作用。对于加工贸易企业而言,企业邮箱对其出口规模的影响系数为0.0650,对其出口产品质量的影响系数为0.0061。企业网页对其出口规模的影响系数为0.1019,对其出口产品质量的影响系数为0.0096,回归系数均显著。

对企业规模异质性进行分样本回归得出,企业邮箱的使用对于大中型企业的出口规模及出口产品质量均有显著促进作用,但是对于小型企业的作用并不显著。对小型企业而言,企业邮箱对小型企业出口规模和出口产品质量的影响系数分别为0.0540和0.0008,作用并不显著;企业网页对小型企业出口规模的影响系数为0.1592,对其出口产品质量的影响系数为0.0085,回归系数显著。对中型企业而言,企业邮箱和企业网页均对企业出口行为有积极作用。企业邮箱对中型企业出口规模的影响系数为0.0675,对其出口产品质量的影响系数为0.0049;企业网页对中型企业出口规模的影响为0.1207,对其出口产品质量的影响系数为0.0082。对大型企业而言,企业网页和企业邮箱对企业出口行为也有积极作用。企业邮箱对大型企业出口规模的影响系数为0.0786,对其出口产品质量的影响系数为0.0042,回归系数显著。企业网页对大型企业出口规模的影响系数为0.1562,对其出口产品质量的影响系数为0.0062。

(3)拓展分析中从交易成本视角出发,选择管理费用渠道、销售费用渠道、财务费用渠道来进行深层次机制检验。从管理费用渠道来看,企业邮箱通过减少管理费用来改进企业出口行为。企业邮箱和管理费用的交叉项对企业出口规模的影响系数为−0.5142,企业邮箱和管理费用的交叉项对出口产品质量的影响系数为−0.0158;企业网页和管理费用的交叉项对企业出口规模的影响系数为−0.4265,企业网页和管理费用的交叉项对企业出口产品质量的影响系数为−0.0117,回归效果均显著。

从销售费用渠道来看,销售费用渠道对企业出口行为的影响并不明显。企业邮箱和销售费用的交叉项对企业出口规模的影响系数为 0.271 8，作用并不显著。企业邮箱和销售费用的交叉项对企业出口产品质量的影响系数为 0.006 1，作用并不显著。企业网页和销售费用的交叉项对企业出口规模的影响系数为 0.400 7，回归效果显著，由此可见，企业网页通过影响销售费用对企业出口规模起积极作用。企业网页和销售费用的交叉项对企业出口产品质量的影响系数为 0.016 6，作用并不显著。

从财务费用渠道来看，财务费用渠道对企业出口行为的影响并不明显。互联网通过财务费用渠道影响企业出口规模和出口产品质量的机制效果并不显著。企业邮箱和财务费用的交叉项对企业出口规模的影响系数为 −0.669 6，作用并不显著。企业邮箱和财务费用的交叉项对企业出口产品质量的影响系数为 −0.000 05，作用并不显著。企业网页和财务费用的交叉项对企业出口规模的影响系数为 0.004 4，作用并不显著。企业网页和财务费用的交叉项对企业出口产品质量的影响系数为 −0.000 2，作用并不显著。由实证结果可知，互联网主要通过管理费用渠道影响企业出口规模和出口产品质量，而销售费用渠道和财务费用渠道的影响并不明显。这是因为新兴信息技术的使用，倒逼企业进行企业组织方式的转变，提高管理效率，进而降低管理费用。

将研究结果与中国互联网发展及企业发展相结合，本篇提出以下政策建议。

第一，充分发挥互联网平台的作用。随着中国劳动力成本的上升以及国际政治和安全体系的深刻变革，中国企业过去由于廉价劳动力带来的优势被削弱，企业亟须寻找效益增长的新源泉，从而改变生产经营方式，以应对国际贸易新形势。基于此，应当充分发挥互联网的连通作用，以保障甚至提升中国在国际市场中的地位。中国出口企业应当利用互联网的互联互通作用，充分使用跨境电商等互联网平台，积极同国外市场进行沟通交流，利用互联网进行业务沟通，使得企业之间与企业内部交流更为畅通，产品生产更为精细化、定制化，满足差异性市场的需求，进而实现出口规模的扩大和出口质量的提升。在推进互联网发展过程中，首先，政府应当增加互联网基础设施建设，鼓励企业使用互联网。其次，在企业信息化建设的过程中，政府可以通过政策优惠加大对企业信息化的政策支持，协助企业进行企业与互联网的深度融合，让企业更好地享受互联网发展的福利。针对积极推进企业信息化的企业，政府应进行相应的财政、税收上的补助。

第二，异质性企业应当采取异质性经营策略。面对不同特点、不同所有制的出口企业，各个经济主体应当采取不同的激励方法，以促进企业信息化进程。鉴于互联网对企业出口行为的影响存在企业特征的异质性，从政府角度出发，政府应当加强互联网对国有企业的作用，激励国有企业利用互联网资源进行产品出口及产品质量升级，以消除国有企业产权性质带来的低效率问题。而对于民营企业和外资企业，应当正确引导，促使其进一步将互联网使用同生产相融合。针对一般贸易企业，政府应当鼓励其利用互联网的技术溢出效应、交易成本效应进行出口产品质量的升级，积极同国外先进技术企业合作，扩大互联网对其技术提升效应。针对加工贸易企业，应当鼓励其积极学习先进技术，从产品组装进阶到产品研发，进行产品结构的升级。从企业角度出发，不同类型企业应当找到自己的不足并加以改进。国有企业积极进行组织改革，促使整体效率提升，使得其在国际市场上占据优势地位。中小企业可以利用互联网平台增加自身商誉宣传，增加营销费用，进而在国际市场中更具发言优势。

第三，从企业内部来看，企业应当注重利用互联网提升自身管理能力。从交易成本渠道出发，在推进企业互联网应用的同时，应当关注其内部交易成本途径。互联网主要通过管理效率的提升，促使企业优化生产结构，生产效率提升，进而影响企业出口规模和出口产品质量，而通过销售费用渠道和财务费用渠道并不明显。因此，企业应当充分发挥互联网的降低成本的作用。从管理费用渠道出发，应用相应的智能软件对信息进行分析，在综合公司内部和市场各个方面因素后，做出最终决策，这一行为使得公司整体决策更为理性化。同时，有效发挥互联网的监督作用，利用内部平台对个人行为进行牵制降低机会主义行为，降低企业监督管理成本，使得企业在出口市场上占据优势。从销售费用渠道出发，积极利用互联网互联互通的作用进行产品宣传与推广，推动产品"走出去"，以实现出口行为的进一步升级。数字经济时代，企业利用互联网广告、电子商务平台加强线上营销，增加宣传营销成本，打开企业知名度，进而扩大出口规模。从财务费用渠道出发，充分利用互联网平台的快捷财务功能以及财务监督功能，进一步提升财务管理效率，降低财务成本，带动企业出口行为的升级。利用会计软件对财务行为进行牵制，使用互联网执行财务操作监督，使得企业财务管理更加规范，有效地预防了财务风险的出现，进而让企业更加积极地加入出口市场。

5.2 本篇的创新点与不足

5.2.1 创新点

本篇将互联网与企业出口行为放到同一分析框架中，利用2004—2009 年中国企业样本，研究出口企业互联网使用对其出口行为（出口规模和出口产品质量）的影响，相比于现有大部分研究，本篇将企业出口规模和出口产品质量的研究相结合，以探究互联网使用对企业出口行为的影响，内容分析更为全面。

本篇在对互联网对企业出口行为影响机制分析时，将交易成本渠道引入到分析框架中，分析管理费用渠道、销售费用渠道和财务费用渠道三个不同交易成本渠道对于企业出口行为的影响。本篇细分了具体影响渠道，为企业进一步利用互联网改善出口行为提供思路。

5.2.2　不足之处

本篇深入了解互联网对企业出口行为的影响，以及企业异质性对企业出口行为的影响，限于客观因素，尚存在一定局限性，有待日后研究中进行完善。

第一，本篇并未进行理论模型构建，所建立的模型均建立在过往研究理论基础上，并未建立相关理论模型，也未利用数理推导对研究内容进行分析，使得研究缺乏全面性。

第二，本篇研究对象只包括2004—2009年出口企业样本，包含119 495家企业、共计325 152条观测值，使得结论有局限性。日后获得新数据，可将样本数据进行更新，使研究更具有普适性。

第三，出口企业的互联网选择行为存在内生性问题，本篇尝试使用PSM – DID方法进行解决，若日后寻找到更好的工具变量，可尝试使用工具变量来进行内生性问题的解决。

下　篇
贸易开放与城乡收入不平等

第6章 概 述

6.1 研究背景

党的十九大报告明确指出，中国特色社会主义进入新时代的关键时期，正处于全面建成小康社会的决胜阶段。新时代我国社会主要矛盾是人民日益增长的美好生活需要和不平衡不充分的发展之间的矛盾。这种发展上的不平衡不充分，已经成为满足人民日益增长的美好生活需要的主要制约因素。

自改革开放和中国加入 WTO 以来，中国经济体制改革不断深入，在经济高速增长以及对外贸易快速发展方面，都取得了显著成就。中国经济保持中高速增长，国内生产总值稳居世界第二，对世界经济增长贡献率超过30%；中国开放性经济新体制逐步健全，中国的对外贸易额 2001 年为 42 183.6 亿元，到 2017 年为 278 101 亿元，增长幅度为 559.26%，稳居世界前列。但同时，随着中国经济的高速增长和贸易开放进程的不断加快，收入分配不平等日益加剧。特别是由于中国存在明显的城乡二元经济结构，这加重了城市与农村之间的资本和劳动力要素的错配程度（柏培文和杨志才，2019），经济资源倾向聚集于城市的工业化部门，而在农产品价格"剪刀差"的现实状况下，农产品价格不断降低，城镇与农村的发展不平衡程度不断加剧。同时早在计划经济体制下，要素流动控制制度就限制了劳动力在城市与农村之间的流动；在改革开放之后，生产技术不断进步，生产率显著提高，这进一步降低了劳动力需求的增长。城乡收入不平等的隐忧日益突出，中国城乡人均可支配收入差距从 2001 年的 4 493 元扩大到 2017 年的 12 897.17 元（2001 年不变价），并且从长期来看，城乡收入差距在总体上有进一步扩大的趋势。

虽然收入不平等可能不是贸易开放的必然产物，但这一现象的日益加剧仍引起了学术界的广泛关注，越来越多的学者从各个方面对收入不平等进行研究。比如对城镇居民收入不平等的发展的研究（卢晶亮，2018；罗楚亮，2018），对贸易自由化与收入不平等的研究（李清如等，2014；杨继东、江艇，2012；刘斌、李磊，2012），对全球化进程与收入差距的研究（万广华等，2005；郑新业等，2018），对收入不平等与经济增长之间规律的研究（Grossman 和 Helpman，2018；Lessman，2014；王少平、欧阳志刚，2007）等。以往的研究大多集中在贸易开放对工资不平等的影响研究方面，从现有文献来看，尤其是国内，对贸易开放与城乡收入不平等之间的关系的探讨和研究比较少。但是城乡收入不平等是中国收入不平等的重要表现，且在中国经济体制因素的影响下愈发重要（靳涛和李帅，2015）。城乡收入不平等不仅影响中国经济的高质量发展，而且还会在一定程度上激发社会矛盾和动荡。因此，研究贸易开放与城乡收入不平等之间的关系不仅对于制定优化区域开放布局的贸易开放战略具有重要的参考价值，并且对于维护社会和谐稳定，确保国家长治久安、人民安居乐业以及实现高质量、更公平、更加可持续的经济发展具有重要的理论及现实意义。

本篇在既有文献的基础上，探究贸易开放、经济发展与城乡收入不平等之间的关系，即对贸易开放影响中国城乡收入不平等的程度以及经济发展水平在此影响过程中的调节效应进行探讨。同时，在提高相关度量指标的全面性和恰当性的基础上，从整体和结构两个层面进行检验分析，既从全国层面样本进行实证研究，又从贸易开放异质性、区域异质性以及城乡收入不平等不同分位点上等视角出发进行研究，不仅拓宽了贸易开放与城乡收入不平等的研究视角，为贸易开放政策效果的理论研究提供了一个崭新的样本并丰富了已有的研究，还对贯彻落实"走出去"战略进而形成全面开放格局具有重要的理论指导意义，同时也对消除城乡收入不平等隐忧和实现经济健康持续发展提供经验总结与参考。

6.2　研究内容及技术路线

6.2.1　研究内容

本篇从不同角度对贸易开放和城乡收入不平等这两个主要度量指标进行测算，探讨贸易开放对城乡收入不平等的影响效果，并且将经济发展水平作为调节变量纳入总体研究框架，以考察经济发展水平在贸易开放影响城乡收入不平等过程中的调节效应。根据已有文献研究、事实描述和理论分析，总结归纳出贸易开放与经济发展水平对中国城乡收入不平等的影响以及经济发展水平发挥的调节作用，并通过构建相关计量模型从整体和结构两个层面实证检验贸易开放、经济发展与城乡收入不平等之间的关系。本篇共分为六个章节，每个章节的研究内容安排如下。

第6章为概述。首先，介绍了研究背景与意义，指出本篇研究的核心问题，即贸易开放对城乡收入不平等的影响以及经济发展在此影响过程中的调节效应；其次，阐述了本篇的研究内容及技术路线，以说明每个部分的内容和各部分之间的联系；最后，简单介绍了本篇的研究方法以及阐述了本篇存在的创新之处与不足之处。

第7章为文献综述。本章主要阐述了国内外学者对相关内容的研究方法和研究结论，整理归纳了关于"贸易开放与收入不平等的关系""贸易开放与城乡收入不平等的关系"以及"经济发展与城乡收入不平等的关系"三个方面相关的研究，并且梳理了关于城乡收入不平等指标测度方法的研究，同时从经济因素和制度因素层面梳理了关于城乡收入不平等的其他影响因素的相关研究。

第8章为现状分析。首先，对中国贸易开放进程进行分析，主要分析自加入 WTO 以来中国贸易开放的趋势以及增长幅度；其次，分析中国经济发展现状，主要从经济增长以及人均国内生产总值角度分析中国经济发展现状；最后，对中国城乡收入不平等状况进行分析，一方面从总体上对中国整体城乡收入不平等的情况进行剖析，另一方面从地区上对中国区域城乡收入不平等的情况进行比较分析。

第9章为理论分析与研究假说。本章基于已有文献的系统梳理，对贸易开放、经济发展与城乡收入不平等之间的关系进行了分析和总结。阐述了贸易开放影响城乡收入的机制、经济发展影响城乡收入不平等以及经济发展的调节效应如何在贸易开放影响城乡收入过程中发挥作用，并通过总结归纳提出相应假说；最后总结在贸易开放、经济发展与城乡收入不平等的统一解构框架下的传导机制。本章的定性分析为第10章的实证研究做了铺垫。

第10章为实证研究。结合第9章的研究假说，本章借鉴现有的相关研究设定相关计量模型，阐述各变量的定义和测度方法，并指出研究的数据来源；运用中国30个省（直辖市、自治区）的面板数据进行基准回归，以检验第9章的研究假说，并通过构建工具变量的方法克服内生性隐忧以保证实证结果的稳健性，还采用了基于变量再度量的方法进行了稳健性检验，同时从贸易开放异质性和区域异质性两个角度进行异质性分析；最后采取条件分位数回归的方法进行了拓展分析。

第11章为结论与政策建议。本章总结了理论分析和实证研究的主要结论，并且基于研究结论进一步提出相应的政策建议。

6.2.2　技术路线

本篇的技术路线如图 6 − 1 所示。

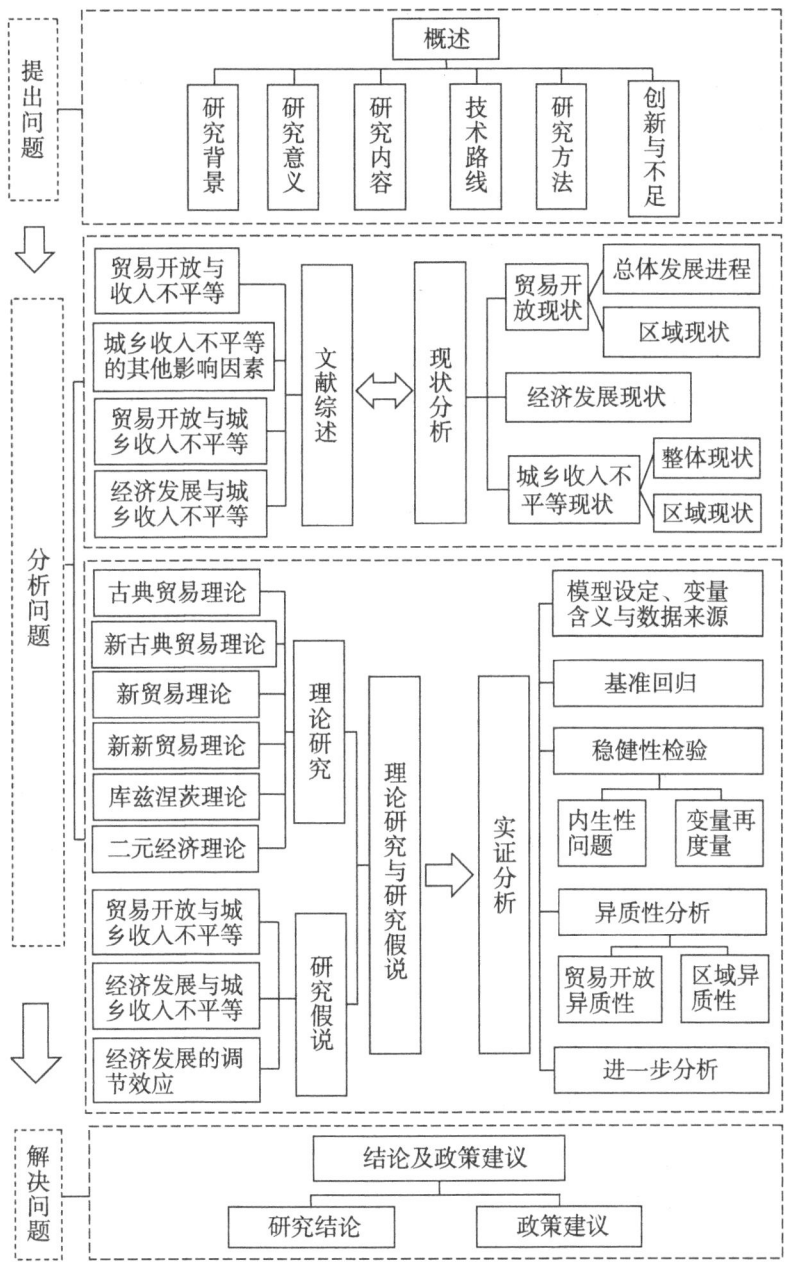

图 6 − 1　技术路线图

6.3 研究方法

6.3.1 理论分析与文献研究相结合

本篇通过理论分析与文献研究相结合的方法，研究了贸易开放、经济发展与城乡收入不平等之间可能存在的关系。一方面，以国际贸易理论和经济增长理论为基础，阐述贸易开放对城乡收入不平等的影响和经济发展发挥的作用，并探讨该研究框架下的传导机制；另一方面，通过研读大量已有相关文献的研究，整理分析现有研究的分析角度、研究方法和研究结论，进一步归纳总结已有研究，为本篇的深入研究提供理论和资料支撑。

6.3.2 实证分析与规范分析相结合

本篇通过实证分析和规范分析互为补充的研究方法，从理论上分析了贸易开放与城乡收入不平等的关系、经济发展与城乡收入不平等的关系以及经济发展的调节效应，探讨了在贸易开放、经济发展与城乡收入不平等三者之间统一研究框架下的传导机制。在度量指标方面，对城乡收入差距和贸易开放的度量指标进行完善，使指标的测度更为全面和标准，为本篇的实证研究奠定基础。通过理论分析建立计量模型，利用 2001—2017 年中国 30 个省（直辖市、自治区）的面板数据进行实证分析，研究贸易开放、经济发展与城乡收入不平等之间的关系，运用工具变量法和变量再度量法对实证结果进行稳健性检验；同时从贸易开放异质性和区域异质性两个角度对贸易开放和经济发展对城乡收入不平等的异质性影响；并且采用条件分位数回归的方法，基于城乡收入不平等的不同分位点考察贸易开放、经济发展与城乡收入不平等之间的关系，从整体和结构两个层面检验了贸易开放对城乡收入不平等的深层次影响。

6.4 本篇创新点与不足

6.4.1 创新点

本篇的创新点主要包括以下三个方面。

第一，在研究变量的度量方面。当现有文献研究贸易开放与城乡收入不平等的关系时，贸易开放和城乡收入不平等的度量指标比较单一。本篇在贸易开放和城乡收入不平等的度量指标方面更为全面和标准，在贸易开放的度量指标上，不仅使用进出口总额与国内生产总值之比来衡量，还利用 HS2 编码的商品分行业归类，计算出各行业关税率水平，并以各省（直辖市、自治区）行业从业人员数作为权重，构建各省（直辖市、自治区）的关税率水平作为衡量贸易开放程度的度量指标。在城乡收入不平等的度量指标上，不仅使用城镇居民人均可支配收入与农村居民人均纯收入的绝对差来衡量，还借鉴泰尔指数的算法来度量城乡收入不平等程度。

第二，在理论分析方面。沿着国际贸易理论的发展轨迹，分析古典贸易理论、新古典贸易理论、新贸易理论和新新贸易理论中关于国际贸易与收入分配的相关理论，为后文对贸易开放与城乡收入不平等之间关系的机理分析打下基础，同时回顾经济增长与收入不平等的库兹涅茨理论和二元经济理论。基于以上理论基础，将贸易开放、经济发展和中国城乡收入不平等放入同一框架分析，研究贸易开放对城乡收入不平等的影响机制，探讨经济发展水平在此影响过程中的调节作用，分析经济发展水平如何对贸易开放对城乡收入不平等的影响效应进行调节。在以往研究贸易开放与城乡收入不平等关系的文献中，实证研究大多直接考察贸易开放对城乡收入不平等的影响，并未考虑经济发展水平的调节作用，本篇将经济发展作为一个调节变量纳入贸易开放、经济发展与城乡收入不平等的整体研究框架中，探讨了三者之间可能存在的关系。

第三，在实证分析方面。以往的实证研究大多直接考察贸易开放对城乡收入不平等的影响，并未考虑经济发展水平的调节作用，且目前贸易开放对城乡收入不平等的影响研究方法比较单一，结论稳健性也有待提高。本篇从不同视角研究了贸易开放、经济发展与城乡收入不平等之间的关系，从不同视角探讨了经济发展水平在贸易开放影响城乡收入不平等过程中的调节效应，从整体和结构两个层面进行检验分析，既从全国层面样本进行实证研究，又从贸易开放异质性、区域异质性以及城乡收入不平等不同分位点上等视角出发进行研究，极大地拓宽了对城乡收入不平等研究的视角。

6.4.2　不足之处

本篇的不足之处主要包括以下三个方面。

第一，在数据选择方面。在实证检验贸易开放对城乡收入不平等的影响程度，以及经济发展在此影响过程中的调节作用时，本篇主要从宏观层面进行相关实证研究，使用的是宏观层面的面板数据，但是城乡收入不平等在微观层面实际上是存在异质性的，因此，如果选择城乡居民家庭的微观数据来进行相关研究，将更有利于探究贸易开放影响城乡收入不平等的传导机制。

第二，在变量选择方面。在调节变量的度量指标选取上还不够充分。在贸易开放对城乡收入不平等的影响过程中，只考虑了经济发展这一个调节变量，并且在实证分析中，经济发展的度量指标仅采用人均国内生产总值来衡量，仅反映了经济发展水平，而未考虑经济发展质量。因此为了更深入研究贸易开放与城乡收入不平等之间的关系，可以纳入更多的变量，并在经济发展的变量选取上进行合理的改善，在这方面存在较大的改善空间。

第三，在理论模型方面。本篇构建的计量模型是基于以往研究的观点和结论，在理论分析上对于贸易开放、经济发展与城乡收入不平等之间的关系只基于已有理论和研究进行逻辑分析，而缺少严密数理推导的理论模型。因而为了使理论研究更系统和全面，可以通过数理推导构建理论模型对研究内容进行更深入的探讨。

第7章 文献综述

根据赫克歇尔－俄林（Hckscher－Ohlin）（H－O）理论，发展中国家出口低技能劳动力密集型产品，进口高技能劳动力密集型产品，从而产生国际贸易，进而加快贸易开放进程。同时，斯托尔帕－萨缪尔森定理（SS 定理）指出，随着贸易开放程度不断加深，拥有充足低技能劳动力和缺少高技能劳动力的发展中国家趋向于提高低技能劳动力的报酬，以及降低高技能劳动力的报酬，从而不断缩小收入差距，进而降低收入不平等，而发达国家则相反。但从已有研究中可以发现，发展中国家收入不平等的隐忧日益严重，已经不符合 H－O 理论和 SS 定理所推断的结论，这引起国内外学者对国际贸易与收入不平等之间关系的广泛关注。

本章主要从贸易开放与收入不平等之间的关系、贸易开放和城乡收入不平等的关系、经济发展与城乡收入不平等的关系以及城乡收入不平等的其他影响因素这四个方面对以往文献的研究进行系统梳理。

7.1 贸易开放与收入不平等

近年来关于贸易开放对收入不平等的影响的理论研究较少，Grossman 和 Helpman（2018）构建了国际贸易和国际知识溢出的平衡增长均衡框架，在此框架下，贸易开放加剧了国内收入不平等，并且发现这一机制并不是通常的机制，即贸易导致要素密集的部门专业化，而是国际知识共享使创新更有成效。有些学者也通过构建理论框架或模型探索了贸易开放程度对工资不平等的影响，并发现随着贸易开放程度的加深，工资不平等显著加剧以及工资两极分化开始出现（Foellmi 和 Oechslin，2010；Han，Liu 和 Zhang，2012；Bsaco 和 Mestieri，2013）。一个国家开放的好处来自贸易和知识技术的直接传播（Ramondo 和 Rodriguez - Clare，2010），与此同时，这种贸易开放往往伴随着更大的收入不平等（Egger 和 Kreickemeier，2012）。

在实证研究方面，已有多项研究表明贸易开放对收入不平等具有扩大性影响。Rodríguez - Pose（2012）利用 1975—2005 年跨国动态面板数据进行研究，认为对外贸易显著加剧了地区收入不平等。而地区收入不平等的水平随着对世界各国经济的依赖性的增强而加剧（Ezcurra 和 Rodríguez - Pose，2013）。在发展中国家中，对外贸易的开放将会带来国内收入不平等程度的显著提高，并且在越穷的国家这一影响越大（Ezcurra 和 Rodríguez - Pose，2014）。同时，贸易开放通过 FDI 和人均 GDP 增加以及财政全球化促进了收入不平等的加剧（Lessmann，2013；Lessmann，2014；Jaumotte，Lall 和 Papageorgiou，2013）。以上文献都是研究多个国家之间贸易开放对收入不平等的影响，即通过跨国数据来捕获这一影响。Mah（2013）利用 1985—2007 年中国动态面板数据进行实证分析，发现贸易开放导致了收入不平等的加剧。贸易开放程度的提高还扩大了中国高技能劳动力和低技能劳动力之间的收入差距（Anwar 和 Sun，2012）。通过对 1995 年和 2006 年巴西地区收入不平等的分解，Silveira - Neto 和 Azzoni（2012）发现近年来地区收入不平等程度的降低在很大程度上和市场关联的劳动力收入动态有关。在对外经济开放过程中，出口强度与收入不平等之间存在显著的"倒 U 形"关系。吴万宗和徐娟（2017）进一步利用中国综合社会调查数据通过 DFL 方法将收入不平等分解为价格效应和结构效应，认为出口主要通过价格效应即改变劳动力技能收入，进而影响收入不平等。并且，出口会引起工资溢价，中国企业存在 2.8% 的出口工资溢价，这将加剧收入不平等（马述忠、王笑笑，2015）。

7.2 城乡收入不平等的其他影响因素

贸易开放和经济发展是城乡收入不平等的重要影响因素，除此之外，城乡收入不平等还存在其他不可忽略的影响因素，例如城市化的空间溢出效应（王建康等，2015）、财政支出（胡文骏，2017）、政府政策（胡晶晶和黄浩，2013）、基础设施（刘晓光等，2015）、金融发展（杨楠和马绰欣，2014）等因素均对城乡收入不平等有影响。关于中国城乡收入不平等的影响因素及其影响机制的文献主要分为两类：一类是影响城乡收入不平等的经济因素；另一类是影响城乡收入不平等的政策因素。

7.2.1 经济因素

杨楠和马绰欣（2014）探究了中国金融发展对城乡收入差距的时变关系，通过 1978—2019 年省级面板数据建立面板非参数时变系数模型进行相关研究发现，不同区域的金融发展时变系数均表现为"倒 U 形"的特点，并认为金融发展有利于促进各阶层的收入水平提高，进而缩小城乡收入差距。更进一步，金融结构也对城乡收入不平等存在重要影响，提升直接融资比例能够通过信贷配置功能这一机制促进经济增长和加速城市化，并通过这两个中介效应渠道进而降低城乡收入不平等（刘贯春，2017）。外商直接投资能够有效改善农村经济，并且由于 FDI 的流入无法再提升已经接近极大值的人力资本边际，因此，FDI 带来的技术溢出效应对于提高农村劳动生产率的作用比城市劳动生产率更显著，进而显著降低城乡收入不平等程度（刘渝琳等，2010；徐晓慧，2014）。而赵晓霞（2010）通过 1979—2006 年的面板数据进行实证分析发现 FDI 显著降低了城镇居民的工资收入比例，但由于土地、房地产等资本集中在城镇地区，FDI 会促进城镇居民经营性收入比例的上升，若从工资收入角度来看，FDI 加剧了城乡收入不平等。

7.2.2 政策因素

改革开放以来，中国城乡二元经济结构对于城乡收入不平等的影响不断恶化，20 世纪 90 年代中期与 21 世纪初中国经济转型时期，为了抑制城乡收入不平等的加剧，中国政府推出了一系列政策注重解决"三农"问题，积极促进农村信息网、农村基础设施等的建设。胡晶晶和黄浩（2013）基于 1997 年以来的省级面板数据，从城市化政策、对外开放政策、财政政策、教育政策和人口政策五个方面探讨了二元经济结构、政府政策与城乡居民收入不平等之间的关系，认为二元经济结构的弱化和城市偏向的财政政策对城乡收入不平等存在改善作用，而城市化的加快、对外开放深化以及现存的人口政策的作用则相反。中国城市化水平由于"城乡二元结构"制度落后于经济发展水平，并在赶超型经济发展战略和以户籍为基础的管理制度下，城乡收入不平等仍然存在。城市化加快了劳动力从农村向城市的流动，通过要素价格均等化降低城乡收入不平等，并且城市化导致城市劳动力市场竞争加剧，降低城市劳动力的收入，进而缓解了城乡收入不平等程度（陆铭和陈钊，2004）。吕炜和高飞（2013）根据城市户籍居民与大量外来劳动力共存于城市中的情况，提出城市内部二元结构，并基于城乡二元经济体制，提出双重城乡二元结构，进一步构建双重二元结构下的一般均衡理论模型，通过实证研究认为城市化能够有效降低中国城乡收入不平等程度。曹裕等（2010）通过 1987—2006 年的省级面板数据构建面板协整模型进行研究也发现总体上城市化有利于城乡收入不平等程度的缓解。为了破解城乡二元经济结构的影响，中国政府推出以城乡经济协调发展为导向的城乡一体化政策，而城乡经济一体化对城乡收入不平等的作用是非线性的，会随着经济发展阶段的嬗变而演变（欧阳志刚，2014）。体制改革能够有效缓解城乡居民之间收入差距进一步扩大的"马太效应"，但政府改革的滞后会固化城乡收入不平等程度（靳涛和李帅，2015）。而城乡公共服务差距（李丹和裴育，2019）、行政腐败、地方政府垄断土地一级市场制度（谢冬水，2017）、户籍歧视（万海远和李实，2013）、城市倾向的经济政策（陆铭和陈钊，2004）均加剧了城乡收入不平等程度。

7.3　贸易开放与城乡收入不平等

Sicular 等（2007）把不平等归结为不断上升的城乡收入差距，因为它是总体收入差距持续拉大的主要原因。Castilho，Menéndez 和 Sztulman（2012）通过对巴西各州的数据进行分位数回归，认为贸易开放加剧了城镇地区的贫穷和不平等程度，但可能会降低农村地区的不平等程度。贸易开放可以通过劳动力市场对城乡收入不平等发挥作用，不断加剧的城乡收入不平等一个潜在原因是劳动力份额的流失（Molero - Simarro，2017）。城乡消费不平等在一定程度上体现了城乡收入不平等，贸易开放作用于城乡收入不平等另一途径是通过促进人均 GDP 增加而导致的生活水平的提高，进而加剧了城乡消费不平等（Thu 和 Booth，2014）。城乡收入不平等占到中国总体收入不平等的 40% ~ 60%（Wan 等，2007），城乡收入不平等是中国收入不平等的重要来源，且在中国经济体制性因素的影响下越发重要（靳涛和李帅，2015）。胡文骏（2017）借助关于财政支出和贸易开放的内生经济增长模型，利用 1998—2009 年 27 个省份的面板数据，构建联立方程模型，分析了政府财政支出和贸易开放程度以及两者之间的相互作用关系对城乡收入不平等的影响，发现财政支出和贸易开放均显著加剧了城乡收入不平等，财政支出无法改变贸易开放导致的初次收入分配不均，并且贸易开放限制、扭曲了财政支出的收入分配调节能力。魏浩和耿园（2015）从贸易规模、贸易结构、贸易方式的视角探索对外贸易对城乡收入差距的影响，并且从全国层面和区域层面展开研究，结果表明高新技术产品贸易显著加剧了中国城乡收入不平等，加工贸易和一般贸易对中国城乡收入不平等均存在显著的扩大作用，而从不同区域角度分析对外贸易对城乡收入不平等的效应又有所不同。与此观点不同的是，对外贸易通过就业和工资水平渠道产生的就业数量扩大效应和就业质量偏向效应影响城乡收入不平等，就业数量扩大效应有助于缓解城乡收入不平等，而就业质量偏向效应加剧了城乡收入不平等，由此对外贸易对城乡收入不平等的净效应方向不确定（魏浩、赵春明，2012）。但是也有研究表明贸易开放程度的深化会显著降低城乡收入不平等（Wei 和 Wu，2001；袁冬梅等，2011）。胡超（2008）则采用中国 1985—2005 年的时间序列数据，就对外贸易与收入不平等的关系进行了实证研究，发现对外贸易与收入不平等也是一种"倒 U 形"的关系。但是沈颖郁和张二震（2011）认为，1993—2008 年，中国对外贸易与城乡收入差距之间的"倒 U 形"关系是不确定的。货物贸易会使城乡收入不平等程度先降低后提高，而服务贸易则使城乡收入不平等程度先提高后降低（范爱军和卞学字，2013）。贸易开放还可以通过需求偏好、技术进步、技术溢出、就业拉动等渠道影响城乡居民收入结构，实证分析发现贸易开放对农村居民收入结构没有显著影响，但是会显著提高城镇居民的工资收入比例（赵晓霞，2010）。

7.4 经济发展与城乡收入不平等

库兹涅茨在 1955 年发表的关于"经济增长与收入不平等"的演讲，使得库兹涅茨曲线理论受到学术界的广泛关注。根据该理论，在工业化和经济发展的进程中，收入不平等必然会呈现"倒 U 形"特点，即出现先扩大后缩小的过程。库兹涅茨认为，第一阶段收入不平等的扩大与经济发展的早期阶段相关，当经济发展到一定程度后，收入不平等将进入一个随着经济发展大幅下降的阶段。在经济发展初期阶段，收入不平等的加剧是因为只有少部分人从经济快速发展带来的新收入中获益；随着经济的进一步发展，收入不平等将会由于越来越多的公众参与分享经济增长的丰硕成果而自动减缓。但是 Lessman（2014）针对收入不平等和经济发展之间"倒 U 形"关系进行研究，发现在经济发展成熟阶段的国家收入不平等随着人均国内生产总值的提高而加剧。经济发展对城乡收入不平等的影响是不确定的，在经济发展过程中，城乡两个部门之间的收入不平等逐渐扩大，而当经济发展到中等收入水平后，城乡收入不平等程度会随着经济发展出现持续下降趋势（刘渝琳和滕洋洋，2010）。吕炜和高飞（2013）利用中国 2000—2011 年 30 个省市的面板数据，通过系统 GMM 方法进行实证分析，结果表明中国经济发展水平的提高对城乡收入不平等存在一定的缓解作用。经济增长也可作为一个中介变量，成为金融结构影响城乡收入不平等的传导机制。刘贯春（2017）认为经济增长能够显著降低城乡收入不平等。也有学者探究了收入不平等对经济发展的影响，Castelló - Climent（2010）利用 1960—2000 年 102 个国家的面板数据进行实证分析，认为收入不平等在总体上对经济增长存在显著的负面效应，而收入不平等对经济增长造成的负面影响又涉及政治进程、制度变迁和社会政治运动的兴起（Halter 等，2014）。曹裕等（2010）利用 1987—2006 年省级面板数据建立面板协整模型进行实证研究，在总体上，城乡收入不平等不利于经济增长，从区域层面解构，城乡收入不平等的加剧在东北和西南地区有利于经济增长，相反，其余地区均存在负向关系。而城乡收入不平等对经济增长的长期效应取决于城乡收入不平等程度和经济发展阶段，在改革初期城乡收入不平等促进了经济增长，现阶段城乡收入不平等的扩大不利于经济增长（王少平和欧阳志刚，2007）。

综上，国内外学者对收入不平等和城乡收入不平等的相关研究较为丰富，但主要聚焦于总体收入不平等以及工资不平等。现有文献关于贸易开放与城乡收入不平等之间的研究并不是很多，且研究方法较为单一，并且几乎没有文献研究经济发展在贸易开放与城乡收入不平等之间发挥的作用，现有文献主要基于库兹涅茨理论研究经济发展与城乡收入不平等之间的关系。在贸易开放进程不断加快并且经济保持中高速增长的背景下，关于将贸易开放、经济发展与城乡收入不平等三者纳入同一的解构框架的研究在全面建成小康社会的决胜阶段具有非常重大的现实意义。因此，针对贸易开放、经济发展与城乡收入不平等的相关关系问题亟须进一步研究。

第8章　现状分析

根据前文对以往相关文献的系统梳理，从不同角度了解到国内外关于贸易开放与收入不平等的研究情况。更进一步，通过对前人研究的整理归纳，发现城乡收入不平等不仅受到金融发展、金融结构、外商直接投资等经济因素的影响，还受到城市化政策、对外开放政策、财政政策、人口政策、教育政策、城乡一体化政策、户籍制度、公共服务政策等政策因素的影响。并且以往学者针对贸易开放对城乡收入不平等的影响的研究并没有统一的结论，而关于经济发展与城乡收入不平等的研究主要是在库茨涅茨理论的基础上进行扩充的。

自改革开放以来，中国贸易开放进程不断加快，对外贸易快速发展，经济一直保持中高速增长的趋势，并且人民的生活条件也得到极大的改善，然而同时，中国的城乡居民收入差距不断扩大，城乡收入不平等程度不断加深。本章主要针对贸易开放的总体和区域现状、经济发展的现状以及城乡收入不平等的整体和区域现状进行分析。

8.1　中国贸易开放现状

本节在总体上从贸易规模、贸易依存度、贸易结构、外商直接投资四个方面对贸易开放的发展进程进行分析，从区域上分析东、中、西部以及各省（直辖市、自治区）的贸易开放度。

8.1.1 贸易开放的总体发展进程

改革开放四十多年来，中国贸易规模迅速扩大，1978 年货物进出口总额仅为 355 亿元，其中出口总额为 167.6 亿元，进口总额为 187.4 亿元，在世界排名第 32 位。到 2019 年，中国贸易规模稳居世界前列，进出口总额为 315 627.3 亿元，其中出口总额为 172 373.6 亿元，进口总额为 143 253.7 亿元。中国进出口贸易的发展趋势如图 8 - 1 所示。

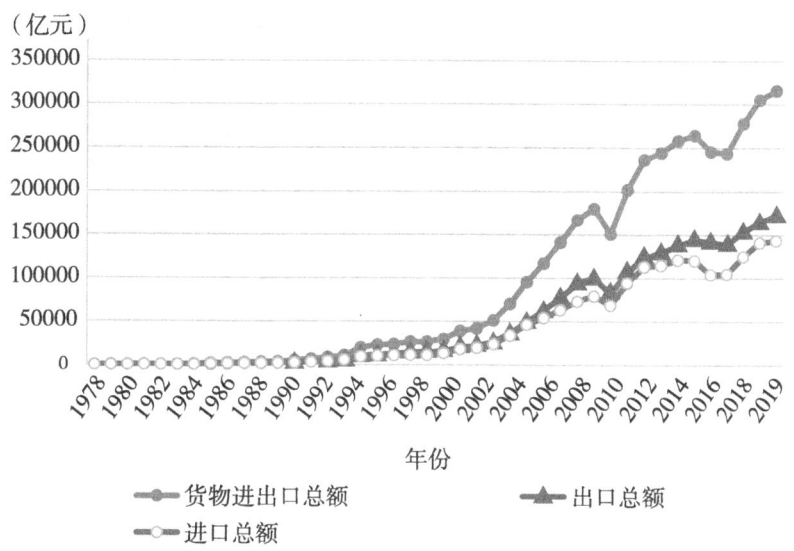

图 8 - 1 中国对外贸易进出口总额的发展趋势
数据来源：根据《中国统计年鉴》进行整理及计算所得

1978 年，党的十一届三中全会胜利召开，改革开放政策开始实行，在沿海地区建立了经济特区，我国贸易开放进程由此正式开始。由图 8 - 1 可知，20 世纪 70 年代末至 21 世纪初，中国贸易进出口总额从 355 亿元增加至 39 273.2 亿元，总体增长幅度较大，但是年平均增长速度比较平缓。根据图 8 - 2，该时期对外贸易依存度呈现波动性的扩大趋势，1978 年中国对外贸易依存度为 0.097，其中出口贸易依存度为 0.046，进口贸易依存度为 0.051，出口贸易依存度和进口贸易依存度的差别不大，至 2000 年，中国对外贸易依存度增加到 0.392，其中出口贸易依存度为 0.206，进口贸易依存度为 0.186，出口贸易依存度和进口贸易依存度的差异有扩大趋势。进一步分析该段时期中国的进出口贸易结构，由图 8 - 3 至图 8 - 4 可知，中国工业制成品的进出口额均大于初级产品进出口额，其差额呈现扩大的趋势，而我国工业制成品进口比例在 1995 年之前均大于工业制成品出口比例，到 1995 年工业制成品出口占贸易出口额比例为 85.56%，首次超过工业制成品进口比例（81.52%），并且在 1995—2000 年从未被反超，这意味着我国制造业正在快速发展。

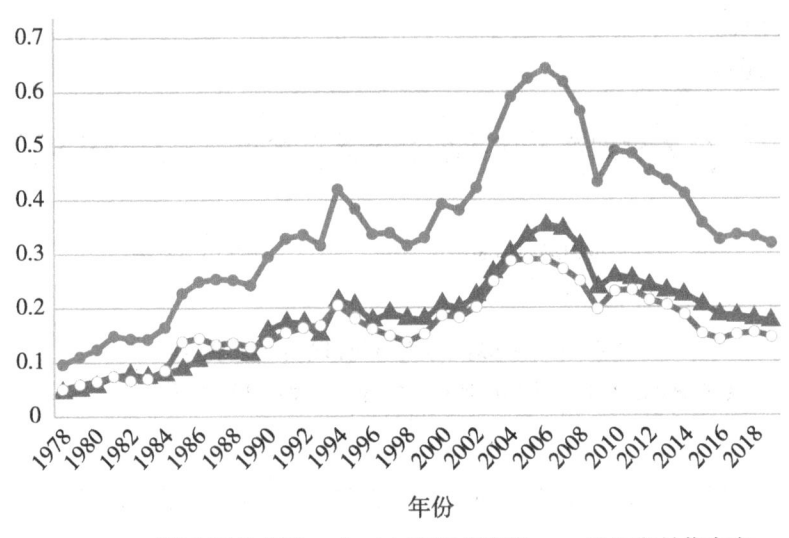

图 8 - 2 中国对外贸易依存度发展现状

数据来源：根据《中国统计年鉴》进行整理及计算所得

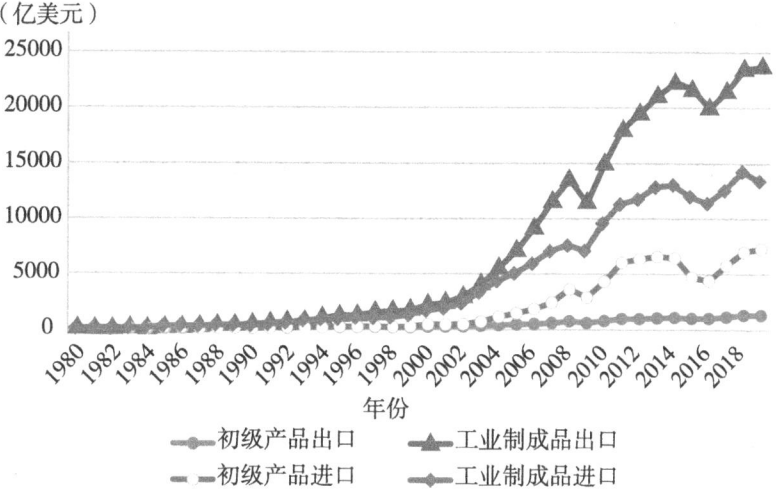

图 8 - 3 中国进出口贸易结构

数据来源：根据《中国统计年鉴》进行整理及计算所得

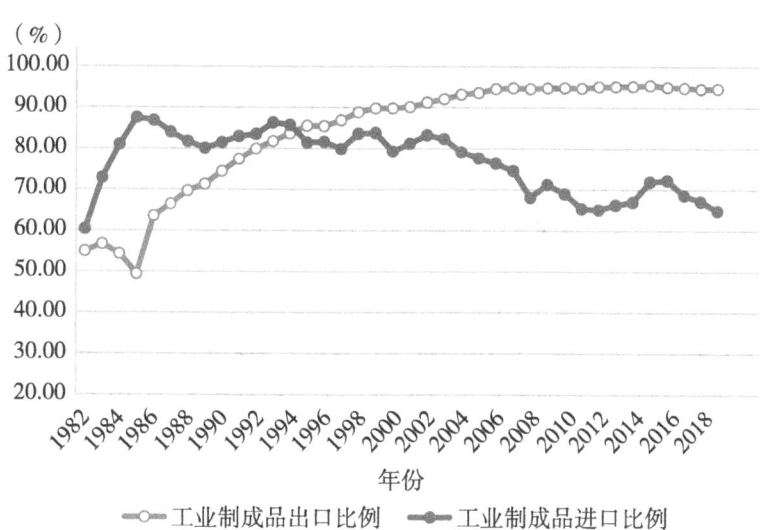

图 8 - 4 中国工业制成品进出口比例

数据来源：根据《中国统计年鉴》进行整理及计算所得

　　随着中国贸易开放进程的不断推进，国外投资企业在我国贸易规模不断发展下，逐步进入中国市场。20 世纪 80 年代外商直接投资在中国兴起，1985 年 FDI 仅为 57.4 亿元，至 2000 年 FDI

增长到 3 370.6 亿元。由图 8 - 5 可知，在此期间，FDI 密集度呈现先迅速增长后快速跌落的特点，1994 年 FDI 为 2 910.3 亿元，FDI 密集度为 0.6，即占 GDP 的比重为 6%，达到历史峰值。随后，FDI 密集度快速跌落至 2000 年的 0.03 水平，这意味着中国经济发展对外国投资的依赖程度大幅度降低。

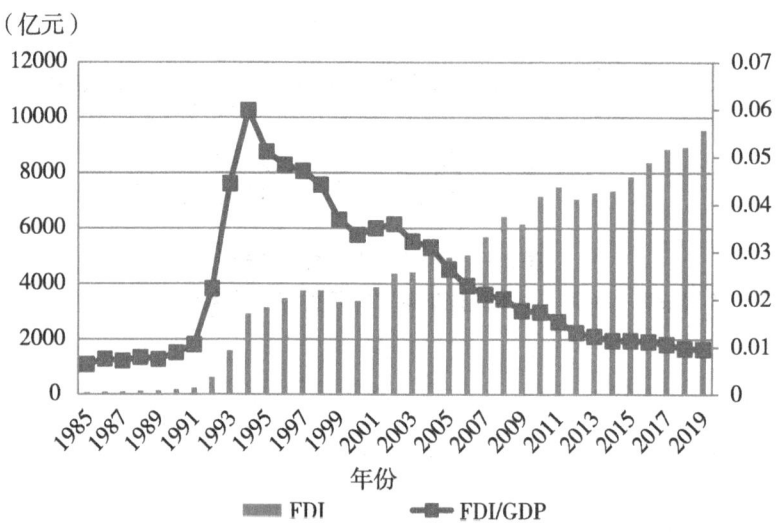

图 8 - 5　中国外商直接投资发展现状

2001 年中国成功加入世界贸易组织（WTO），标志着中国对外贸易发展步入一个崭新的阶段，贸易开放进程进一步加快。加入 WTO 以后，我国贸易规模迅速扩大，根据图 8 - 1 中国对外贸易的发展趋势，其增长速度较 1978—2000 年这段时期要快得多，到 2008 年达到极大值，为 179 921.5 亿元。在这段时期，贸易依存度不断扩大，2006 年达到历史峰值62%后呈现下降趋势，并且出口贸易依存度均大于进口贸易依存度，表明中国贸易开放偏向于依赖出口扩张。就中国进出口贸易结构而言，工业制成品的进口额和出口额远远超过了初级产品的进口额和出口额，两者的差距呈现快速扩大的趋势，同时工业制成品出口额占出口贸易额的比重一直平缓增加，且不断拉大与工业制成品进口额比例的差距，而工业制成品进口额比例总体上呈现下降的趋势，至 2008 年，工业制成品出口额比例高达 94.55%，而工业制成品进口额比例下降至 68%。

2001—2008 年，FDI 规模总体上呈现增长趋势，由 2001 年的 3 880.1 亿元增加至 2008 年的 6 416.9 亿元，而 FDI 密集度总体呈现快速下降趋势，2001 年 FDI 占 GDP 的比重为 3.4%，2008 年下降至 2%，这进一步说明，中国国内企业规模和质量不断发展，外资对我国经济发展的影响程度不再像以往那么重要。

2008 年，次贷危机爆发，在全世界范围波及了各个国家的经济发展，但中国受到这次金融危机的影响要远远小于其他国家。中国进出口贸易额在 2008—2009 年出现了较大幅度的降低，比 2008 年降低了 29 273.4 亿元，减小幅度为 16.3%，但随后贸易规模在 2009—2019 年整体上呈现较快的增长趋势。对外贸易依存度在这段时期整体上表现为明显的下降趋势，在 2019 年对外贸易依存度已从 56.4% 降至 31.9%，其中出口贸易依存度为 17.4%，进口贸易依存度为 14.5%。这说明，随着我国贸易开放进程的不断加快，贸易规模在不断扩大，而我国经济发展对进出口贸易的依赖程度降低。

受金融危机的影响，FDI 规模在 2009 年也有所减少，由 2008 年的 6 416.9 亿元减少至 6 150.2 亿元，但总体上 FDI 规模是呈现上升趋势，至 2019 年已扩大至 9 529.2 亿元。而 FDI 密集度在整体上一直维持着下降趋势，已经从 2008 年的 0.02 降低至 2019 年的 0.009 6。由图 8-5 可知，自从 FDI 密集度在 1994 年达到历史峰值以来，便在整体上呈现较明显的滑坡式下降趋势，从 1994 年的 0.059 8 大幅降低至 2019 年的 0.009 6。中国贸易开放进程的加快，吸引了大规模的外商直接投资，得益于中国经济多维度高质量快速发展，中国经济对外资的依赖程度减少至较低水平。

综上，自改革开放以来，中国对外贸易规模快速扩大，进出口贸易发展取得显著成就；对外贸易依存度总体上呈现波动性的先上升后下降的趋势，于 2006 年达到历史峰值；工业制成品进出口额远大于初级产品进出口额，且工业制成品出口比例不断增加，并在工业制成品进口比例不断降低的趋势下，赶超工业制成品进口比例，中国在贸易开放逐步加快的进程中迅速发展为制造业大国；随着我国贸易开放程度不断加深，中国市场吸引了大规模的外商直接投资，外商直接投资规模总体上呈现扩大趋势，而 FDI 密集度呈现明显的先上升后下降的趋势，在 1994 年达到历史峰值后，逐渐降低至 0.01 以下，说明中国国内生产依赖外资的程度不断降低。

8.1.2　贸易开放的区域现状

考虑到我国的地理环境和社会经济发展状况的不同，因此本章在分析贸易开放的现状时，根据国家统计局的区域划分标准，将中国 31 个省（直辖市、自治区）划分为东部、中部和西部三个区域分析贸易开放的区域现状。具体划分如表 8-1 所示。

表 8-1　中国三大区域划分

区域	省（直辖市、自治区）	合计数
东部	北京、天津、河北、辽宁、上海、江苏、浙江、福建、山东、广东、海南	11
中部	山西、吉林、黑龙江、安徽、江西、河南、湖北、湖南	8
西部	内蒙古、广西、重庆、四川、贵州、云南、陕西、甘肃、青海、宁夏、新疆、西藏	12

以各省（直辖市、自治区）的对外贸易依存度作为贸易开放度的指标，东部、中部和西部的贸易开放度取各省（直辖市、自治区）的平均值来衡量，如表 8-2 所示。在中国整体贸易开放不断发展过程中，中国三大区域的对外贸易发展却非常不均衡。表 8-2 反映了中国东部、中部、西部贸易开放度的差异，由于

篇幅所限，只给出了 2001—2017 年其中 6 个比较具有代表性的年份对贸易开放的区域现状并进行分析。

表 8-2　各省（直辖市、自治区）和区域贸易开放度

区域	省（直辖市、自治区）	2001 年	2005 年	2008 年	2011 年	2014 年	2017 年
东部	北京	1.151	1.475	1.698	1.548	1.197	0.781
	天津	0.784	1.117	0.831	0.590	0.523	0.411
	河北	0.086	0.131	0.167	0.141	0.125	0.099
	辽宁	0.326	0.417	0.368	0.279	0.245	0.287
	上海	0.967	1.651	1.590	1.472	1.216	1.050
	江苏	0.449	1.004	0.879	0.710	0.532	0.465
	浙江	0.394	0.656	0.683	0.618	0.543	0.493
	福建	0.460	0.680	0.544	0.528	0.453	0.359
	山东	0.261	0.342	0.356	0.336	0.286	0.246
	广东	1.213	1.554	1.293	1.109	0.975	0.758
	海南	0.250	0.227	0.209	0.327	0.278	0.157
东部均值		0.576	0.841	0.783	0.696	0.579	0.464
中部	山西	0.079	0.107	0.137	0.085	0.078	0.075
	吉林	0.125	0.148	0.144	0.135	0.117	0.084
	黑龙江	0.083	0.142	0.193	0.198	0.159	0.080
	安徽	0.092	0.140	0.158	0.132	0.145	0.135
	江西	0.058	0.082	0.136	0.174	0.167	0.150
	河南	0.042	0.060	0.067	0.078	0.114	0.118
	湖北	0.076	0.113	0.127	0.110	0.097	0.088
	湖南	0.060	0.075	0.075	0.062	0.070	0.072
中部均值		0.077	0.108	0.130	0.122	0.118	0.100

区域	省（直辖市、自治区）	2001 年	2005 年	2008 年	2011 年	2014 年	2017 年
西部	内蒙古	0.098	0.102	0.073	0.054	0.050	0.058
	广西	0.065	0.107	0.131	0.129	0.159	0.211
	重庆	0.077	0.101	0.114	0.188	0.411	0.231
	四川	0.060	0.088	0.122	0.147	0.151	0.124
	贵州	0.047	0.057	0.066	0.055	0.071	0.041
	云南	0.077	0.112	0.117	0.116	0.142	0.097
	陕西	0.085	0.095	0.079	0.076	0.095	0.124
	甘肃	0.057	0.111	0.134	0.112	0.078	0.044
	青海	0.057	0.062	0.047	0.036	0.046	0.017
	宁夏	0.131	0.129	0.108	0.070	0.121	0.099
	新疆	0.098	0.250	0.369	0.223	0.183	0.128
	西藏	0.055	0.068	0.135	0.145	0.150	0.044
西部均值		0.076	0.107	0.125	0.113	0.138	0.101

数据来源：根据《中国统计年鉴》和各省份统计年鉴的数据整理计算所得

由表 8-2 可知，东部贸易开放度与中、西部贸易开放度存在着较大的差异。东部区域贸易开放度均在 0.45 以上，2001—2017 年该区域贸易开放度呈现先上升后下降的趋势，2005 年东部贸易开放度高达 0.841，其趋势与中国整体对外贸易依存度的发展趋势相似；中部区域的贸易开放度从未超过 0.2，同东部一样，其趋势呈现先上升后下降的特点；西部的贸易开放度从总体上看呈现波动性的上升趋势，由 2001 年的 0.076 增加至 2017 年的 0.101，增加幅度较小。

2017 年，东部、中部、西部的区域贸易开放度均值分别为 0.464、0.100、0.101，中部和西部的贸易开放度非常接近，而东部的贸易开放度明显大于中西部。从具体省份来看，在东部除辽宁外，其他省市的贸易开放度较上一年都降低了，贸易开放度最高的省市为上海、北京和广东，其值分别为 1.050、0.781 和 0.758；中部贸易开放度最高的省份为江西、安徽和河南，其值分别为 0.150、0.135 和 0.118；西部贸易开放度最高的省市为重庆、广西和新疆，其值分别为 0.231，0.211 和 0.128，这可能很大程度得益于边境贸易。

8.2 中国经济发展现状

本节从中国总体和区域两个层面，采取国内生产总值（GDP）和人均 GDP 两个指标，对中国经济发展现状进行分析。中国三大区域划分如表 8 - 1 所示，东部、中部、西部区域的人均 GDP 采用各区域的国内生产总值除以各区域的总人口所得。

如图 8 - 6 所示，中国国内生产总值在 2001—2017 年一直稳步增长。2001 年，中国 GDP 为 110 863.1 亿元，经过逐年的增长，到 2017 年，中国 GDP 已增长至 832 035.9 亿元。从区域层面来看，2001—2017 年东部区域的 GDP 明显远大于中、西部的 GDP，而中部 GDP 又明显大于西部，且三大区域的 GDP 均呈现稳步上升趋势。东部 GDP 从 2001 年的 63 628.5 亿元增长至 2017 年的 471 244.7 亿元，可见东部经济的快速发展使得该区域 GDP 占据了全国 GDP 的一半多；中部 GDP 从 2001 年的 26 207.8 亿元增长至 207 333.8 亿元，而西部 GDP 从 2001 年的 18 939.4 亿元增长至 168 561.6 亿元，可见中部和西部的经济发展差距正在缩小。

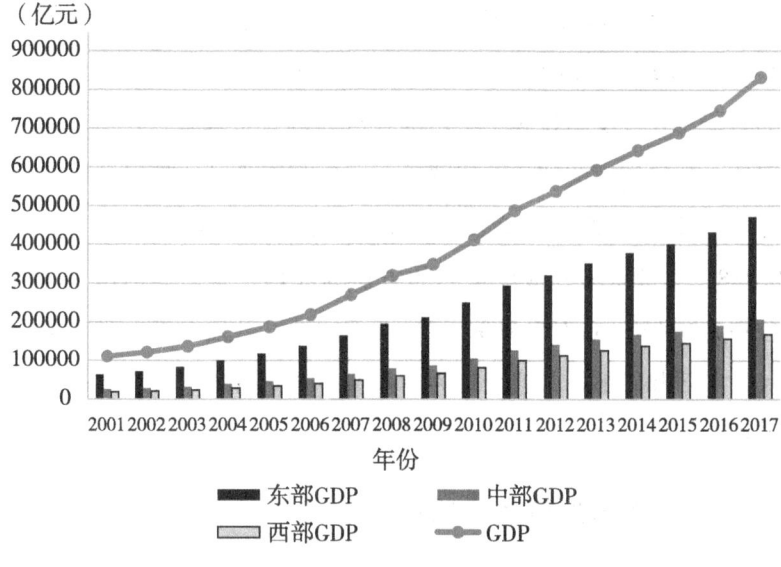

（亿元）

图 8-6　中国国内生产总值（GDP）

数据来源：根据《中国统计年鉴》和各省份统计年鉴进行整理及计算所得

图 8-7 反映了中国人均 GDP 以及三大区域的人均 GDP 现状。2001—2017 年，伴随着贸易开放进程的加快，沿海地区的经济迅猛发展，由图 8-7 可知东部区域的人均 GDP 明显大于全国人均 GDP，并且其差距还有进一步扩大的趋势，2001 年东部人均 GDP 为 13 340.5 元，全国人均 GDP 为 8 716.7 元，其差距为 4 623.8 元，而到 2017 年，东部人均 GDP 增长至 81 891.4 元，全国人均 GDP 增长至 60 014.4 元，这一差距扩大到 21 877 元，这显然不利于缩小收入不平等的差别，尤其是区域收入不平等。中部和西部区域人均 GDP 均低于全国人均 GDP，两者差别不是特别大，且均呈现较稳定的增长趋势。2001 年中部和西部的人均 GDP 分别为 6 263.5 元和 5 315.5 元，至 2017 年，中部和西部人均 GDP 分别增长至 46 038.2 元和 43 886.2 元。

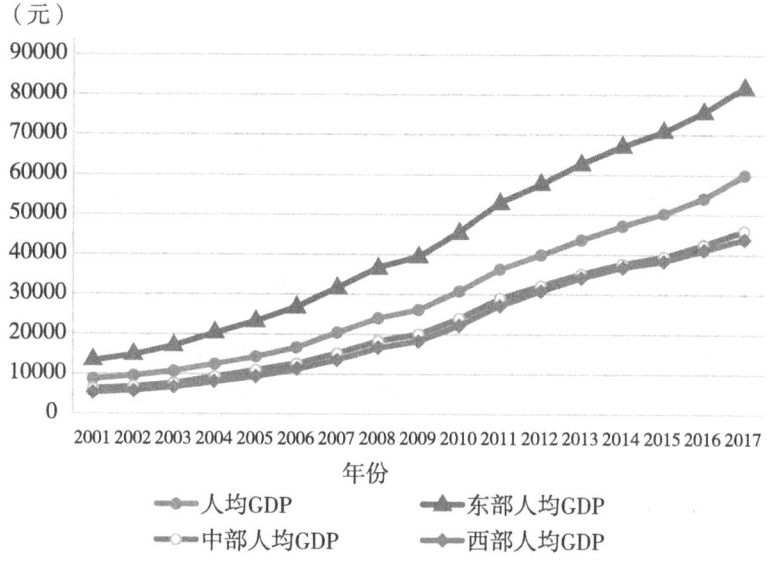

图 8 - 7　中国人均国内生产总值

数据来源：根据《中国统计年鉴》和各省份统计年鉴进行整理及计算所得

综上，中国经济快速发展，自 2001 年以来已取得显著成就，但从区域来看存在经济发展不均衡等隐忧。由此可见，中国经济的高速增长可能伴随着经济发展不平衡，并且由于社会发展往往滞后于经济发展，若不顾经济发展质量，只顾经济增长速度，社会矛盾将可能日益凸显出来。

8.3　中国城乡收入不平等现状

本节对中国整体城乡收入不平等现状以及三大区域和各省（直辖市、自治区）的城乡收入不平等现状进行简要分析。首先，通过考察城市居民和农村居民人均可支配收入和两者之间的绝对差，以及收入比，分析中国整体城乡收入不平等现状；其次，进一步以泰尔指数为度量指标考察东部、中部和西部以及各省（直辖市、自治区）的城乡收入不平等现状。

8.3.1 中国整体城乡收入不平等现状

中国经济经过多年的高速发展，居民的生活水平不断提高，收入也随着经济发展水平的提高而不断提高。如图 8-8 所示，1978 年城镇居民人均可支配收入为 343.4 元，农村居民人均可支配收入为 133.6 元；到 2001 年，城镇居民人均可支配收入增加至 6 859.6 元，农村居民人均可支配收入增加至 2 366.4 元。从图 8-8 的城乡居民人均可支配收入的增长趋势可见，自 2001 年起，城乡居民人均可支配收入的年均增长速度较 1978—2000 年的年均增长速度要快得多，这表明在贸易开放进程不断加快和经济迅猛发展的趋势下，城乡居民均获得了贸易开放以及经济发展的红利。到 2017 年，城镇居民人均可支配收入增加至 36 396.2 元，农村居民人均可支配收入增加至 13 432.3 元。

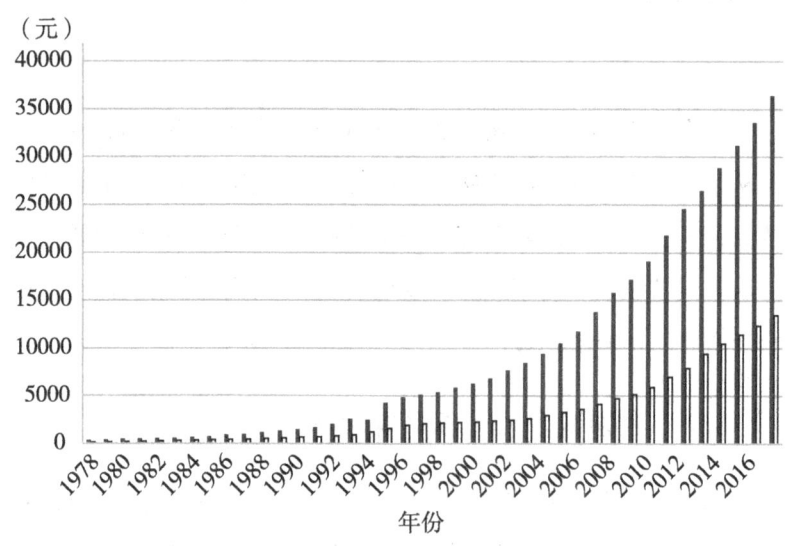

图 8-8 中国城乡居民可支配收入
数据来源：根据《中国统计年鉴》进行整理及计算所得

　　然而，从图 8 - 8 也明显可见，城镇居民人均可支配收入增长的幅度比农村居民人均可支配收入增长的幅度要大，城乡居民人均可支配收入的差距正呈现逐年扩大的趋势。如表 8 - 3 所示，2001 年城乡居民收入绝对差为 4 493.20 元，到 2017 年城乡居民收入绝对差扩大至令人震惊的 22 963.90 元。而从城乡居民收入比来看，2001—2017 年中国城乡收入不平等总体上呈现先扩大后缩小的趋势，2001 年城乡居民收入比为 2.90，到 2009 年已扩大到极大值 3.33，随后总体上呈现缩小的趋势，到 2017 年城乡居民收入比缩小至 2.71。城乡居民收入差距的扩大表明城镇居民和农村居民享受到的贸易开放和经济发展的红利程度有所差异，并且城市和农村经济发展存在较大差异，贸易开放主要受益区域仍然是城镇地区，城乡收入不平等的加剧情况不容忽视。从城乡居民收入比来看，情况似乎有所改善，但是由城乡居民收入差距反映的城乡收入不平等来看，情况并不乐观，这与中国城乡户籍制度以及城乡二元经济结构脱离有关。

表 8 - 3　2001—2017 年城乡收入不平等

年份	城镇居民人均可支配收入（元）	农村居民人均可支配收入（元）	城乡居民收入绝对差	城乡居民收入比	人均 GDP
2001	6 859.60	2 366.40	4 493.20	2.90	8 716.68
2002	7 702.80	2 475.60	5 227.20	3.11	9 506.20
2003	8 472.20	2 622.20	5 850.00	3.23	10 666.10
2004	9 421.60	2 936.40	6 485.20	3.21	12 486.94
2005	10 493.00	3 254.90	7 238.10	3.22	14 368.03
2006	11 759.50	3 587.00	8 172.50	3.28	16 738.00
2007	13 785.80	4 140.40	9 645.40	3.33	20 494.38
2008	15 780.80	4 760.60	11 020.20	3.31	24 100.21
2009	17 174.70	5 153.20	12 021.50	3.33	26 179.54

年份	城镇居民人均可支配收入（元）	农村居民人均可支配收入（元）	城乡居民收入绝对差	城乡居民收入比	人均GDP
2010	19 109.40	5 919.00	13 190.40	3.23	30 807.93
2011	21 809.80	6 977.30	14 832.50	3.13	36 301.56
2012	24 564.70	7 916.60	16 648.10	3.10	39 874.28
2013	26 467.00	9 429.60	17 037.40	2.81	43 684.39
2014	28 843.90	10 488.90	18 355.00	2.75	47 172.71
2015	31 194.80	11 421.70	19 773.10	2.73	50 236.89
2016	33 616.20	12 363.40	21 252.80	2.72	54 138.97
2017	36 396.20	13 432.30	22 963.90	2.71	60 014.35

数据来源：根据《中国统计年鉴》整理和计算所得

8.3.2 城乡收入不平等的区域现状

为了更方便地考察中国城乡收入不平等的区域现状，本节借鉴泰尔指数这一较为综合的指标来度量各省（直辖市、自治区）的城乡收入不平等程度。按照表8-1的划分标准将中国各省（直辖市、自治区）划分为东部、中部和西部，同时由于西藏缺失较多数据，在西部区域剔除西藏。东部、中部和西部的泰尔指数采取各省（直辖市、自治区）的平均值来衡量。由于篇幅所限，在分析具体省（直辖市、自治区）的泰尔指数时，选取2001—2017年6个较具代表性的年份进行分析。具体见图8-9和表8-4。

如图8-9所示，2001—2017年，东部、中部、西部三大区域的泰尔指数均呈现先上升后下降的趋势，并且西部地区的泰尔指数大于中部，而东部地区的泰尔指数最小。三大区域的泰尔指数之间的差距存在较明显的缩小趋势。西部地区泰尔指数2001年为0.19，2006年增加至0.21达到极大值，随后整体呈现下降趋势，到 2017 年已降至 0.13；中部地区泰尔指数 2001 年为 0.11，2004 年增加至 0.15 达到极大值，随后呈现波动性下降趋势，到 2017 年降至 0.08；东部地区泰尔指数在 2001 年为 0.08，2003 年达到第一个极大值 0.09，随后呈现"U形"发展趋势，在 2009 年达到第二个极大值 0.09，随后 2009—2017 年逐年下降，2017 年降至 0.06。

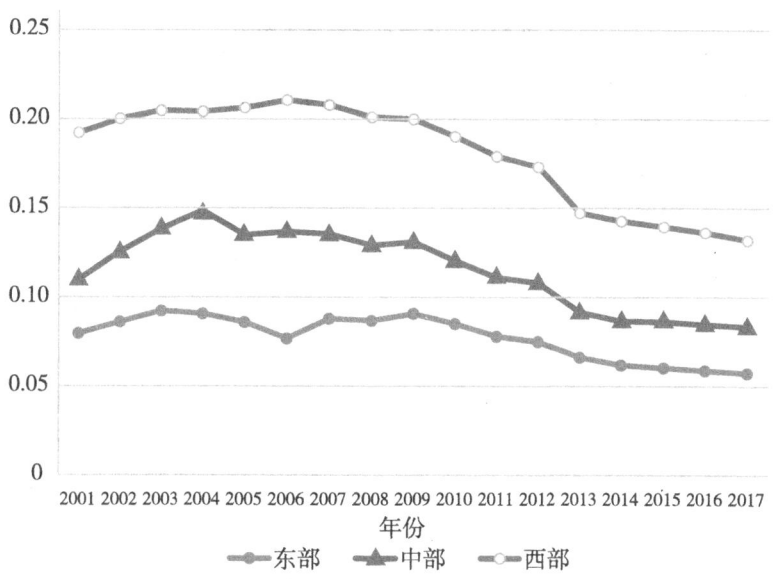

图 8－9 中国三大区域的泰尔指数

数据来源：根据《中国统计年鉴》和各省份统计年鉴进行整理及计算所得

从具体省份来看，根据表 8－4，东部区域 2001 年泰尔指数最大的省份是广东、海南和山东，其值分别为 0.127 0、0.110 7 和 0.105 8，而至 2017 年泰尔指数最大的省份是山东、河北和海南，其值分别为 0.089 4、0.080 0 和 0.077 3；中部地区 2001 年泰尔指数最大的省份是湖南、安徽和山西，其值分别为 0.143 6、0.130 0 和 0.126 6，而至 2017 年泰尔指数最大的省份并没有改变，只是安徽和山西的排名颠倒了，其值分别为 0.114 8、

0.098 3 和 0.089 3；西部地区 2001 年泰尔指数最大的省份是云南、贵州和新疆，其值分别为 0.268 3、0.219 5 和 0.210 2，而至 2017 年泰尔指数嬗变较大，最大的省份为广西、甘肃和贵州，其值分别为 0.246 8、0.167 6 和 0.157 4。并且根据表 8 - 4，中国 30 个省（直辖市、自治区）2001—2017 年总的来看大部分省市泰尔指数都减小了，但不包括东部的河北和江苏、西部的广西。

表 8 - 4　区域及省际泰尔指数

区域	省（直辖市、自治区）	2001 年	2005 年	2008 年	2011 年	2014 年	2017 年
东部	北京	0.041 8	0.034 4	0.029 9	0.025 5	0.028 0	0.032 2
	天津	0.068 9	0.045 3	0.048 7	0.033 8	0.020 8	0.020 1
	河北	0.073 5	0.113 6	0.126 8	0.104 7	0.085 7	0.080 0
	辽宁	0.080 7	0.081 5	0.086 4	0.073 1	0.074 6	0.071 2
	上海	0.038 9	0.020 9	0.023 1	0.020 4	0.020 6	0.023 2
	江苏	0.055 0	0.081 9	0.092 4	0.074 9	0.061 9	0.055 7
	浙江	0.073 7	0.083 8	0.082 2	0.070 3	0.050 4	0.045 2
	福建	0.097 8	0.115 4	0.118 6	0.105 2	0.074 5	0.067 6
	山东	0.105 8	0.128 5	0.139 9	0.126 4	0.101 3	0.089 4
	广东	0.127 0	0.116 7	0.070 6	0.088 8	0.074 1	0.069 0
	海南	0.110 7	0.121 0	0.135 0	0.133 6	0.088 3	0.077 3
东部均值		0.079 4	0.085 7	0.086 7	0.077 9	0.061 8	0.057 4
中部	山西	0.126 6	0.149 0	0.153 5	0.147 3	0.106 2	0.098 3
	吉林	0.096 2	0.112 4	0.107 5	0.086 8	0.070 5	0.071 3
	黑龙江	0.083 4	0.096 0	0.080 4	0.057 3	0.062 4	0.061 3
	安徽	0.130 0	0.165 4	0.151 5	0.137 9	0.096 1	0.089 3
	江西	0.099 6	0.125 9	0.122 1	0.102 1	0.087 4	0.079 3
	河南	0.098 3	0.149 9	0.145 0	0.124 0	0.089 3	0.081 4
	湖北	0.101 4	0.128 1	0.125 1	0.104 5	0.073 6	0.070 6
	湖南	0.143 6	0.151 6	0.147 3	0.128 7	0.106 2	0.114 8

区域	省（直辖市、自治区）	2001 年	2005 年	2008 年	2011 年	2014 年	2017 年
中部均值		0.109 9	0.134 8	0.129 0	0.111 1	0.086 5	0.083 3
西部	内蒙古	0.125 4	0.139 6	0.134 2	0.122 1	0.102 6	0.097 0
	广西	0.185 4	0.264 3	0.258 8	0.301 0	0.266 6	0.246 8
	重庆	0.180 2	0.184 1	0.162 4	0.128 8	0.091 2	0.077 5
	四川	0.164 5	0.147 7	0.152 2	0.136 4	0.105 8	0.094 9
	贵州	0.219 5	0.261 8	0.250 4	0.227 4	0.174 7	0.157 4
	云南	0.268 3	0.276 0	0.251 9	0.221 2	0.163 0	0.146 6
	陕西	0.205 4	0.227 4	0.221 4	0.178 2	0.130 7	0.117 6
	甘肃	0.194 5	0.240 5	0.234 4	0.213 2	0.179 1	0.167 6
	青海	0.208 8	0.203 2	0.204 2	0.164 4	0.135 5	0.130 4
	宁夏	0.152 0	0.159 7	0.175 7	0.147 9	0.109 0	0.099 8
	新疆	0.210 2	0.165 1	0.166 1	0.129 0	0.111 4	0.116 7
西部均值		0.192 2	0.206 3	0.201 1	0.179 1	0.142 7	0.132 0

数据来源：根据《中国统计年鉴》和各省份统计年鉴进行整理计算所得

　　根据对中国三大区域以及省际泰尔指数趋势以及相关数据的分析，从以泰尔指数度量城乡收入不平等指标的角度进行现状分析，发现东部、中部和西部三大区域的城乡收入不平等在 2001—2017 年呈现出"倒 U 形"曲线的特点，这说明随着贸易开放进程加速的初始阶段，城乡收入不平等显著扩大，然而随着中国经济的发展以及政府对"三农"问题的重视，城乡收入不平等的扩大趋势受到阻滞，进而总体上呈现缩小的趋势。并且 2001—2017 年几乎所有省（直辖市、自治区）的城乡收入不平等在总体上也缩小了，其中西部地区各省（直辖市、自治区）城乡收入不平等的缩小最为明显。这似乎与前文基于城乡居民收入差距研究中国整体城乡收入不平等现状的情况有所不同，城乡居民收入差距持续扩大，并无缩小趋势，这很可能只是由于度量方法和度量角度的差异造成的。因此，在本章对贸易开放、经济发展以及城乡收入不平等的现状分析之后，亟须对贸易开放、经济发展与城乡收入不平等之间存在的相关关系进行进一步的深入探讨。

第9章 理论分析与研究假说

经过前文对相关研究文献的系统梳理以及中国相关现状分析，对于贸易开放、经济发展与城乡收入不平之间的关系有了一定程度的了解，将在第8章较为详细地介绍中国总体和区域贸易开放和经济发展的现状，以及中国城乡收入不平等在整体上和区域上的状况。

首先，沿着国际贸易理论的发展脉络，基于贸易与收入分配的相关理论，分析贸易开放与收入不平等之间的相关关系；其次，根据库兹涅茨理论和二元经济理论为代表的理论，分析经济增长与收入不平等之间的关系；最后，基于以上理论，结合中国典型的城乡二元经济结构，阐述贸易开放和经济发展影响城乡收入不平等的机制，分析经济发展在贸易开放影响城乡收入不平等过程中可能存在的调节效应，并提出相关研究假说。

9.1 理论分析

研究贸易开放、经济发展与城乡收入不平等三者间关系的理论基础是基于贸易理论和经济增长理论。本节按照国际贸易理论的发展轨迹，简要梳理了有关贸易开放影响收入不平等的相关论述以及经济发展与城乡收入不平等之间关系的理论。这些理论主要包括：以亚当·斯密和大卫·李嘉图为代表的古典贸易理论；以 H－O 理论和 SS 定理为代表的新古典贸易理论；以保罗·克鲁格曼和埃尔赫南·赫尔普曼为代表的新贸易理论；以异质企业贸易模型和企业内生边界模型为代表的新新贸易理论；以及库兹涅茨理论和二元经济理论。

9.1.1 古典贸易理论

在古典贸易理论中，亚当·斯密的绝对优势理论和大卫·李嘉图的比较优势理论解释了国际贸易产生的原因，但并未分析收入是如何在贸易往来中分配的。在古典贸易理论中涉及贸易开放对收入不平等的研究最典型的是李嘉图模型（DRM），该模型将劳动力作为唯一的可自由流动生产要素，认为国家间贸易往来导致各国生产劳动生产率高的产品，而劳动力会从生产率低的部门向生产率高的部门转移，从而影响各部门的工资收入水平。

9.1.2 新古典贸易理论

古典贸易理论只考虑到一种生产要素，而新古典贸易理论进一步认为不同国家存在要素禀赋的不同，从而产生国际贸易活动。赫克歇尔－俄林（H－O）理论，即要素禀赋理论，引入资本和劳动两种生产要素，认为要素丰富程度的差异是国际贸易的基础。在国际贸易中，各国会出口大量利用本国相对丰裕的要素生产的产品，进口大量所需要的稀缺的要素生产的产品。因此利用丰裕要素生产的产品的需求会增加，根据供需法则，利用丰裕要素生产的产品的价格会上升，导致丰裕生产要素的需求增加，进而影响要素价格的嬗变，最终影响要素所有者的收入。更进一步，斯托尔帕－萨缪尔森（SS）定理对H－O理论进行了拓展解构，认为在要素禀赋差异导致的国际贸易中，会导致本国相对丰裕的生产要素的价格上涨，并导致本国相对稀缺的生产要素的价格下降，最终所有要素价格会均等化，因此该理论也被称为要素价格均等化定理。

根据新古典贸易理论，各国的要素禀赋的差异决定了在国际贸易中不同生产要素密集型产品的供需结构，该供需结构又会影响商品的价格，进而影响到要素价格。在国家之间，要素价格会趋于均等化，而在国家内部，不同要素所有者的收入不平等会缩小。

9.1.3 新贸易理论

以上的传统贸易理论主要从产业间的要素价格的嬗变来解构贸易开放对收入分配的影响，并且传统贸易理论均是在完全市场竞争和规模报酬不变的前提假设下进行解构的，基于不完全市场竞争和规模报酬递增的情况，新贸易理论分析了即使各国要素禀赋大体上一致，也会产生国际贸易，即产业内贸易。在新贸易理论中，保罗·克鲁格曼解构了产业内贸易对收入分配的影响，克鲁格曼构建了一个在封闭经济条件下包含两个产业的理论模型，认为产业内贸易会使参与贸易的国家均从贸易中得到益处，不会发生严重的收入分配问题。更进一步，克鲁格曼构建了一个"南北国"模型，开创性地从技术创新这一角度解构贸易开放对收入分配的影响，认为在贸易中的技术创新能使各国的福利水平提高，同时影响各国之间的收入分配。

9.1.4 新新贸易理论

在新新贸易理论中，主要从企业层面考察贸易开放对工资收入的影响，最具代表性的是梅利茨（Melitz）的"异质企业贸易模型"和安特拉斯（Antras）的"企业内生边界模型"。异质企业贸易模型从企业生产率差异角度认为，在国际贸易的市场竞争中，企业会不断提高生产率，寻求技术创新，这会促使企业更倾向于雇用熟练劳动力和高技能劳动力，从而拉大不同技能劳动力的收入差距。企业内生边界模型从外包的技术溢出角度，认为该效应会增加对高技能劳动力的需求，进而促进了高技能劳动力的收入水平的提高，从而扩大收入差距。

9.1.5 库兹涅茨理论

库兹涅茨在1955年发表了名为《经济增长与收入不平等》

的文章，提出著名的库兹涅茨曲线。根据该理论，在工业化和经济发展的进程中，收入不平等必然会呈现"倒 U 形"特点，即出现先扩大后缩小的过程。库兹涅茨认为，第一阶段收入不平等的扩大与经济发展的早期阶段相关，当经济发展到一定程度后，收入不平等将进入一个随着经济发展大幅下降的阶段。在经济发展初步阶段，收入不平等的加剧是因为只有少部分人从经济快速发展带来的新收入中获益；随着经济的进一步发展，收入不平等将会由于越来越多的公众参与分享经济增长的丰硕成果而自动减缓。

9.1.6　二元经济理论

二元经济理论认为，资本和劳动力要素会在工业和农业两个部门中存在供需失衡的状况，进而扩大要素收入不平等。在二元经济结构的初步发展阶段，劳动力要素相对丰裕，而资本要素相对稀缺，根据供需法则，劳动力要素丰裕所有者的收入会降低而资本要素丰裕所有者的收入会提高，从而拉大收入差距。而随着二元经济的不断发展，劳动力会流向资本要素丰裕的部门，并促进经济发展，并且最终导致资本要素丰裕的部门对劳动力的需求越来越大，而此时资本成为丰裕要素，劳动力成为稀缺要素，进而导致资本要素所有者的收入下降，而劳动力要素丰裕所有者的收入提高，从而缩小收入差距。根据二元经济理论，随着经济发展阶段的演变，收入不平等首先会扩大，然后会因经济增长而缩小。

9.2　研究假说

本节基于前文的文献梳理、事实描述以及相关理论，从机理上分析贸易开放和经济发展对城乡收入不平等的影响，以及经济发展在贸易开放影响城乡收入不平等的过程中存在的调节效应。

9.2.1　贸易开放与城乡收入不平等

根据传统贸易理论，一国出口本国相对丰裕生产要素密集型产品，进口相对稀缺生产要素密集型产品，从而引起商品供需结构的嬗变，并导致要素供求和价格的嬗变，进而提高丰裕生产要素所有者的收入，降低稀缺生产要素所有者的收入，最终引起收入分配的嬗变。中国丰裕生产要素为劳动力，稀缺生产要素为资本，因此中国出口劳动密集型产品，进口资本和技术密集型产品，从而降低高技能劳动力的收入，提高低技能劳动力的收入。而城市劳动力以高技能劳动力为主，农村劳动力以低技能劳动力为主，从而贸易开放有利于缩小城乡收入不平等。但是，随着中国产业结构的不断优化调整以及产业链自主创新能力的提高，中国贸易结构也在不断调整，这种要素结构也在改变，该效应在此发展进程中并不会发挥太大的作用。

中国的出口扩张虽然改变了劳动力的需求结构，为中国低技能劳动力提供了大量就业机会，使农村劳动力流向城市的工业部门，但是出口扩张可能会引起劳动需求的价格弹性的减弱，厂商会倾向于通过产出和出口规模决定劳动需求，而不会以调整工资的方式来控制劳动需求（毛日昇，2009），这样就会造成在出口不断扩张下，低技能劳动力的低工资增长。因此，虽然贸易开放增加了就业机会，特别是农村劳动力的就业机会，但是农村劳动力的工资在长期可能会固定在一个较低水平，这种工资的长期停滞被称为恩格斯停顿。恩格斯停顿不利于农村劳动力收入水平的改善。而进口开放主要进口先进技术、高新技术设备等，同时外资引进的资本资源更倾向于城市，而资本的流入又倾向于技术，这都提高了对高技能熟练劳动力的需求，有利于提高城市劳动力的收入水平。因此，出口对中国农村劳动力收入水平的提高的影响非常有限，而进口又倾向于提高城市劳动力的收入水平，总的来说，贸易开放导致的资本和劳动力的流动会进一步扩大城乡收人不平等。

新贸易理论认为，贸易开放会引起技术进步，进而对收入分配产生影响。一方面，贸易开放提高了要素的自由流动程度，这促进了知识和技能的扩散，农村部门和城市部门劳动力均可学习先进的知识和技能，在一定程度上农村劳动力能够提高的知识技能和文化技术水平幅度比城市劳动力能够提高的幅度大，可能造成农村劳动生产率的上升幅度比城市劳动生产率的上升幅度大得多；另一方面，贸易开放导致的技术进步多为技术偏向型技术进步，该类技术很少存在信息溢出和被模仿的情况，这就存在先进技术获取的"门槛效应"。在这种情况下，会增加对高技能劳动力的需求，进而提高高技能劳动力的收入，扩大高技能劳动力和低技能劳动力之间的收入差距，因此，从技术进步角度解构，贸易开放会加剧城乡收入不平等。

在贸易开放进程中，由于政府的目标主要是促进经济发展，政府会不断出台各项政策以确保经济稳健增长，而经济增长主要来源于集聚在城市的工业部门和服务业部门，因此政府的贸易政策、财政政策和教育政策大多偏向于城市，这扩大了城乡收入不平等。

综上，本节认为贸易开放通过对商品供需、资本和劳动力的流动、技术进步和政策调整的影响，拉大高技能劳动力和低技能劳动力之间的收入差距，进而扩大城乡收入不平等。因此，得到以下的研究假说：

贸易开放会导致高技能劳动力需求的增加，从而提高城镇居民的收入，而对提高农村居民收入水平的影响程度不大，进而扩大城乡收入不平等。

9.2.2 经济发展与城乡收入不平等

根据库兹涅茨曲线，收入不平等会随着经济的不断发展出现先扩大后缩小的趋势，表现为经济发展与收入不平等之间"倒U

形"的关系。库兹涅茨认为,经济增长最终将使社会每一阶层受益。罗伯特·索洛在研究"平衡增长路径"时,也认为每一个社会阶层都可以享受到偏差很小的经济增长红利。但是库兹涅茨曲线观察到的主要是1931—1948年发达国家收入不平等缩小的情况,该时期处于经济大萧条时期和第二次世界大战的经济背景下,对于现阶段中国典型的城乡二元经济结构下城乡收入不平等的考察可能不太准确。中国的经济发展虽然存在发展不平衡的隐忧,但是从城市居民人均可支配收入和农村居民纯收入在整体水平上的提高可以看出,经济发展确实从总体上让每一个人都享受到了经济增长带来的红利,在一定程度上,库兹涅茨理论对于研究经济发展与城乡收入不平等的关系存在较大的参考意义。因此,本节认为在短期内,经济发展与城乡收入不平等之间存在单调影响关系,进而得到以下的研究假说:

在短期内,经济发展对城乡收入不平等存在单调性的影响,该影响的方向尚不确定。

9.2.3 经济发展的调节效应

在贸易开放的进程中,往往伴随着经济发展进程的嬗变,在贸易开放影响城乡收入不平等的过程中,经济发展也将发挥重要的作用。城市居民和农村居民的收入可进一步分为资本收入和劳动收入,而显然贸易开放促使资本更倾向于聚集在城市,故城市居民在经济不断发展中比农村居民积累了更多的资本,而且城市居民的储蓄率往往高于农村居民,更高的储蓄率意味着在国民收入中有更高的资本收入,从而导致更高的资本/收入比,这使得收入分配更倾向于提高城市居民的收入。然而,经济增长在此过程中也发挥着一定的调节作用。在经济发展过程中,经济增长率的提高有利于抵消高储蓄率导致的高资本收入比重,能够有效阻滞资产价格的不断提高,在一定程度上缓解城乡收入不平等的加剧。

一方面，在中国经济发展过程中，人口增长率的变动对城乡收入不平等发挥了均等化的作用。由于城市居民的人口增长率要小于农村居民的人口增长率，提高了社会流动性和促进了个人天赋和资质的发挥，这在一定程度上限制了城乡收入不平等状况的加剧；另一方面，由于贸易开放导致的技术偏向型技术进步有利于产业结构的升级和调整，导致以高技能劳动力为主的城市劳动力需求提高，进而拉大城乡收入不平等。而随着经济的不断发展，知识和技能的传播扩散范围越来越广泛、速度越来越快，农村劳动力的人力资本不断提高，获取先进技术和接受相关培训的成本越来越低，有利于减轻城市居民和农村居民间的收入不平等情况，并且在产业结构升级中，新兴产业的发展会相对降低资本回报率，从而降低城市居民的资本收入，从而减轻拥有不同资本要素群体间的收入不平等。

在经济发展的不同阶段，当城乡收入不平等扩大到一定程度时，经济社会的均衡发展隐忧便会凸显出来。政府为了维持社会经济在长期的良好发展，会出台目标为缩小城乡收入不平等的相关政策，起到一个宏观调控的作用，这在一定程度上可以缓解贸易开放带来的城乡收入不平等的加剧影响。

因此，本节认为经济发展在贸易开放影响城乡收入不平等过程中存在明显的调节效应，进而得到以下的研究假说：

经济发展在贸易开放影响城乡收入不平等过程中存在调节效应，经济发展能够有效缓解贸易开放对城乡收入不平等的加剧性作用。

9.3 机理解构综述

从以上研究可知，贸易开放能够通过商品供需、资本和劳动力的流动、技术进步、政策调整等多种途径影响城乡收入不平等，而经济发展对城乡收入不平等的综合性影响的机理解构主要依赖于库兹涅茨理论，并且从理论上来看经济发展能够从人口结构、产业结构调整和政府的宏观调控三个方面调节贸易开放对城乡收入不平等的影响。

图9-1为贸易开放影响城乡收入不平等以及经济发展存在的调节效应的机理解构图。

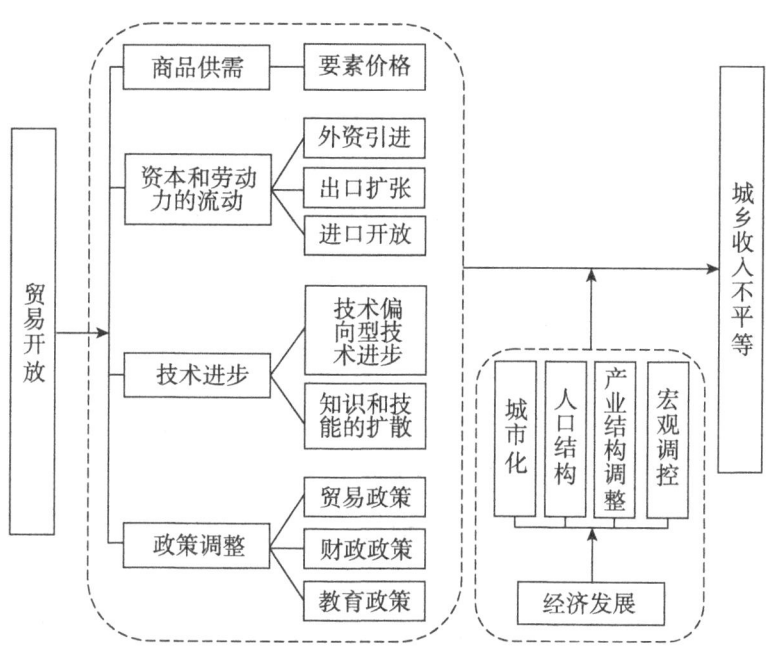

图9-1 贸易开放影响城乡收入不平等以及经济发展之间的机理解构

第10章　实证研究

至此，关于贸易开放、经济发展与城乡收入不平等之间的相关关系，前面章节已经从对以往相关文献研究的系统梳理、各方面的现状分析以及基于贸易理论和经济增长理论的机理解构这三个方面进行了探讨。接下来，本章将进一步通过实证研究考察贸易开放和经济发展对城乡收入不平等的影响，检验经济发展在贸易开放对城乡收入不平等影响过程中的调节效应，从而得出本章的主要研究结论，并基于研究结论提出相关政策建议。

本章在通过构建计量模型进行实证研究中，不仅考虑了核心解释变量的内生性隐忧，而且通过工具变量法使结论更加严谨可信；还基于变量再度量进行了稳健性检验，并且基于贸易开放异质性和区域异质性进行了异质性分析；最后还运用条件分位数回归进一步探讨了贸易开放对城乡收入不平等分布的不同分位点的影响。

10.1　模型设定、变量含义与数据来源

10.1.1　模型设定

根据中国贸易开放与城乡收入不平等的事实，并结合以往的研究，本章选取城乡收入不平等作为被解释变量，选取对外贸易依存度作为贸易开放度的代理变量，并选取四个会显著影响城乡收入不平等程度的因素作为控制变量，最后因经济发展程度的显著调节作用引入贸易开放度与经济发展程度的交互项。本章设定

的计量模型具体如下：

$$INEQ_{it} = \alpha + \beta_1 OPEN_{it} + \beta_2 GDP_{it} + \beta_3 OPEN_{it} \cdot GDP_{it} + \beta_4 EDU_{it}$$
$$+ \beta_5 AGE_{it} + \beta_6 URBAN_{it} + \beta_7 GOV_{it} + \mu_i + \varepsilon_{it}$$

其中，i 为省（直辖市、自治区）；t 为年份；α 为截距；$\beta_1 \sim \beta_7$ 分别表示解释变量的系数，度量各影响因素对城乡收入不平等的边际影响；μ_i 和 ε_{it} 分别为省份异质性和随机扰动项。

10.2.2 变量含义与数据来源

（1）被解释变量：城乡收入不平等（INEQ）。由于数据的限制，每个省份的城市居民基尼系数、农村居民基尼系数以及城乡居民基尼系数难以计算，因此城乡收入不平等的度量指标难以得到。本章中将城乡收入不平等定义为城镇居民人均可支配收入与农村居民人均纯收入的差值，并在实证检验中，为了缩小数据的绝对数值，将该差值进行对数化处理。

（2）核心解释变量：贸易开放程度（OPEN）。贸易开放程度用按当年的美元与人民币中间价折算的进出口额/GDP 来表示。进一步将贸易开放度细分为出口贸易开放度和进口贸易开放度，前者用出口额/GDP 来表示，后者用进口额/GDP 来表示。

（3）调节变量：经济发展程度（GDP）。采用人均 GDP 来度量地区的经济发展程度。

（4）控制变量：本章所选择的控制变量包括人力资本、财政支出规模、人口年龄结构、城市化水平。

①人力资本（EDU）。以往文献大多采用 6 岁及以上人口平均受教育年限来度量，但由于城市居民和农村居民在高等教育资源的可获得性以及高等教育地理位置偏向性的差别较大，从而造成城市居民接受高等教育更普及的现象，教育可提高劳动力的技能从而提高相应的报酬，因此高等教育更能体现人力资本对城乡收入不平等的影响。本章采用各省份居民学历为大学及以上的人数占该省份居民总人口数的比例来度量各省份的人力资本。

②财政支出规模（GOV）。政府一般公共预算支出表示在未来一年政府对各项公共事业的投入资金。地方政府财政支出的偏向性加剧了城乡基本公共服务差距，而基本公共服务差距的扩大加剧了城乡收入不平等程度（李丹和裴育，2019）。因此，本章采用地方一般公共预算支出占地区 GDP 的比例来度量该地区的财政支出规模。

③人口年龄结构（AGE）。不同的年龄组可能具有不同的不平等程度，劳动者工作年龄人口结构与不平等现象之间的联系非常显著（Higgins 和 Williamson，2002）。本章采用地区人口总抚养比来度量各地区的人口年龄结构。

④城市化水平（URBAN）。中国城市化水平与城乡收入不平等之间存在长期稳定的协整关系，并且城市化能显著缩小城乡收入不平等程度（曹裕等，2010），因此地方政府可以通过调整带有城市倾向的经济政策来改善城乡收入不平等（陆铭和陈钊，2004）。由于大部分省份的城镇居民和农村居民人口数据缺失，本章采用各省份非农业人口数占总人口数的比例来衡量各省份的城市化水平。

表 10 - 1 列出了以上各变量的定义及计算方法。

表 10 - 1　变量含义与计算方法

变量符号	变量名称	计算方法
INEQ	城乡收入不平等	对（城镇居民人均可支配收入—农村居民人均纯收入）取对数
OPEN	贸易开放度	（进口额＋出口额）/国内生产总值
EXOPEN	出口贸易开放度	出口额/国内生产总值
IMOPEN	进口贸易开放度	进口额/国内生产总值
GDP	经济发展程度	国内生产总值/总人口数
EDU	人力资本	大学及以上人口数/总人口数
GOV	财政支出规模	一般公共预算支出/GDP
AGE	人口年龄结构	（老龄人口＋未成年人口）/劳动力人口
URBAN	城市化水平	非农业人口数/总人口数

由于西藏大部分数据缺失，本章剔除该自治区，采用中国 30 个省（直辖市、自治区）2001—2017 年的面板数据进行实证研究。其中，城镇居民人均可支配收入、农村居民人均纯收入以及总抚养比来源于《中国统计年鉴》（2002—2018 年）；其他数据来源于各省（直辖市、自治区）2002—2018 年统计年鉴，部分缺失数据由《中国统计年鉴》补充。表 10-2 列出了各变量的描述性统计。

表 10-2　样本描述性统计

变量	单位	样本数	均值	标准差	最小值	最大值
城乡收入不平等	元	510	9.206	0.532	8.126	10.301
贸易开放度	比值	510	0.311	0.381	0.039	1.590
出口贸易开放度	比值	510	0.161	0.184	0.016	0.841
进口贸易开放度	比值	510	0.158	0.234	0.009	1.150
人口年龄结构	比值	510	0.367	0.073	0.204	0.529
财政支出规模	比值	510	0.202	0.091	0.084	0.579
经济发展程度	万元	510	3.163	2.460	0.172	11.475
城市化水平	比值	510	0.481	0.170	0.168	0.891
人力资本	比值	510	0.096	0.063	0.026	0.374

10.2　基准回归

在计量模型设定的基础上，通过豪斯曼（Hausman）检验，该模型检验统计量的伴随概率（p 值）为 0.0000，拒绝了原假设，表明模型应选择固定效应模型。由于面板数据容易出现异方差与自相关，为了提高模型估计的有效性，均采用聚类稳健标准误进行回归解构。

本章采用 2001—2017 年中国省级面板数据对前文设定的实证模型进行参数估计。表 10-3 展示了基准模型回归的估计结果。表 10-3 中的模型（1）是只加入贸易开放度这一核心解释变量并运用最小二乘法进行回归的结果，在不引入任何控制变量时，回归结果表明贸易开放显著降低了城乡收入不平等程度。然而，在模型（2）引入经济发展程度这一影响因素后，发现经济发展程度的提高对城乡收入不平等具有显著扩大作用，并且贸易开放度的系数由负值变为正值，因此，在控制了人均 GDP 之后，贸易开放对城乡收入不平等具有显著的正向效应。这说明经济发展程度在贸易开放对城乡收入不平等的作用中可能存在着调节效应，因此在模型（2）的基础上加入经济发展程度与贸易开放度的交互项，以验证经济发展程度的调节作用。如模型（3）的回归结果所示，经济发展程度与贸易开放度的交互项系数估计值为负值，而且在 1% 的显著性水平上显著，这说明中国经济发展水平程度会减弱贸易开放对城乡收入不平等的扩大作用，意味着经济发展水平的提高负向调节了贸易开放对城乡收入不平等的加剧效应。

模型（4）～（7）逐步引入控制变量并使用最小二乘法回归后，解释变量系数均有变化，并且 R^2 由 0.857 逐步升高至 0.940，这说明该模型的拟合优度在逐步引入控制变量后在不断改善，贸易开放是影响中国城乡收入不平等的重要因素，同时说明了人力资本、人口年龄结构、城市化水平、财政支出规模对城乡收入不平等均有着显著影响。其中，人力资本对城乡收入不平等有着显著的正向影响，人口年龄结构对城乡收入不平等具有显著的负向效应，城市化水平的提高和财政支出规模的扩大加剧了城乡收入不平等。并且，在引入主要控制变量之后，贸易开放对城乡收入不平等仍然具有显著的正向效应。不过最终结论的得出仍然需要谨慎对待，因为基于最小二乘法的计量分析还没有充分考虑到核心解释变量的内生性隐忧，这很有可能导致结果存在偏误。因此，进一步讨论内生性隐忧的解构非常重要。

表 10 – 3　基准模型回归结果

变量	INEQ（城乡收入不平等）						
	(1)	(2)	(3)	(4)	(5)	(6)	(7)
OPEN	−0.859***	0.826***	1.152***	1.040***	0.988***	0.624***	0.460***
	(0.238)	(0.221)	(0.250)	(0.244)	(0.200)	(0.150)	(0.134)
GDP		0.265***	0.315***	0.237***	0.231***	0.154***	0.128***
		(0.018)	(0.020)	(0.030)	(0.029)	(0.028)	(0.027)
OPEN ×*GDP*			−0.124***	−0.128***	−0.139***	−0.109***	−0.065***
			(0.025)	(0.026)	(0.020)	(0.025)	(0.021)
EDU				4.311***	3.808***	4.002***	2.544**
				(1.502)	(1.341)	(0.924)	(1.055)
AGE					−1.824***	−1.111***	−0.632***
					(0.224)	(0.184)	(0.160)
URBAN						1.393***	1.333***
						(0.296)	(0.241)
GOV							2.249***
							(0.572)
常数项	9.473***	8.112***	8.029***	7.901***	8.669***	8.033***	7.643***
	(0.074)	(0.105)	(0.087)	(0.104)	(0.133)	(0.159)	(0.139)
省份	YES	YES	YES	YES	YES	YES	YES
N	510	510	510	510	510	510	510
R^2	0.035	0.829	0.857	0.873	0.894	0.922	0.940

注：*** 表示 1% 的显著性水平；括号内为异方差稳健标准误差。下表同。

10.3　稳健性检验

为了保证实证结果的稳健性，本节在行业层面上构建各省（直辖市、自治区）的关税率水平基础上通过工具变量法克服内生性隐忧，以及基于贸易开放和城乡收入不平等变量再度量的方法进行稳健性检验。

10.3.1 内生性问题

在探讨贸易开放对城乡收入不平等的影响时，贸易开放度的内生性是需要特别重视并且亟须解决的问题。贸易开放与城乡收入不平等在很大程度上存在双向因果关系，从而导致严重的内生性隐忧。贸易开放可通过多种机制造成城市与农村的资源禀赋差异以及两者之间的要素错配，从而引起城乡收入不平等；同时，城市与农村的资源禀赋差异和要素错配和城乡收入不平等也成为政府制定经济政策影响贸易开放的推动力。并且通过异方差稳健的 DWH 检验，在 1% 的显著性水平上拒绝原假设，即认为贸易开放度为内生变量。研究贸易开放对城乡收入不平等的影响，就必须克服内生性问题。本章采用工具变量的方法来解决上述内生性问题。

关税可作为衡量贸易开放的测度指标（Higgins 和 Williamson，2002；Dollar 和 Kraay，2002；李春顶等，2019）。并且关税是中央政府制定的标准，具有较高程度的外生性。本节借鉴余淼杰（2011）和 Topalova（2007）的方法，以 $Tariff_{it}$ 表示 i 省份 t 年的关税率，构建各省份的关税率水平：

$$Tariff_{it} = \sum_{d} \left(\frac{worker_{idt}}{\sum_{d} worker_{idt}} \right) \times Tariff_{dt}$$

其中，i、d、t 分别表示省份、行业、年份；$worker$ 代表各省份农林牧渔业、采掘业和制造业三大行业的从业人员数。

由于关税水平是以商品类别不同而区分的，本节以 HS2 编码的商品归类为农林牧渔业、采掘业和制造业，并以每种商品的关税率乘以贸易量得到关税，将各行业的商品的关税进行加总并除以各行业的总贸易量从而得到各行业的关税率水平 $Tariff_{dt}$，最后用各行业从业人员的比重 $\dfrac{worker_{idt}}{\sum\limits_{d} worker_{idt}}$ 加权，得到各省份的关税率水平。

使用工具变量法的前提是保证工具变量的有效性，需要考察工具变量与内生变量的相关性。通过检验，F 统计量为 21.88（超过 10），且该统计量的 p 值为 0.000，因此拒绝原假设，认为工具变量与内生变量具有高度相关性。

在确定工具变量的有效性之后，本章采用面板工具变量法进行回归解构，回归结果见表 10 - 4。模型（8）中给出了只包含以关税率水平为工具变量的贸易开放度变量的两阶段最小二乘估计结果，发现贸易开放度的提高缓解了城乡收入不平等。在模型（9）中进一步引入各控制变量以及交互项，同最小二乘法估计结果一致的是，控制了经济发展水平（人均 GDP）这一调节变量后，贸易开放对城乡收入不平等的作用从缓解效应发展为加剧效应。从模型（9）可以看出，人均 GDP 与贸易开放度的交互项的参数估计值显著为负，经济发展程度对城乡收入不平等有着显著的扩大作用，但经济发展程度负向调节了贸易开放对城乡收入不平等的加剧作用。

为了使工具变量法的回归结果更加稳健，并且考虑到弱工具变量的问题，使用对弱工具变量更不灵敏的有限信息最大似然法（LIML）。如表 10 - 4 的模型（10）所示，可以发现有限信息最大似然法的系数估计值与 2SLS 的系数估计值完全一致，这说明在很大程度上不存在弱工具变量的问题。若使用工具变量法回归解构中模型存在异方差，可使用最优 GMM 进行估计，比 2SLS 效率更高，GMM 估计结果如模型（11）所示，其参数估计结果与 2SLS 一致。模型（12）展示了使用迭代 GMM（IGMM）回归的估计结果，同样与 2SLS 的估计结果完全一致。

表10-4　基于工具变量的回归结果

变量	(8)	(9)	(10)	(11)	(12)
	2SLS	2SLS	LIML	GMM	IGMM
OPEN	-9.575**	2.826**	2.826**	2.826**	2.826**
	(4.766)	(1.180)	(1.180)	(1.180)	(1.180)
GDP		0.417***	0.417***	0.417***	0.417***
		(0.073)	(0.073)	(0.073)	(0.073)
OPEN ×*GDP*		-1.137***	-1.137***	-1.137***	-1.137***
		(0.291)	(0.291)	(0.291)	(0.291)
常数项	12.183***	5.863***	5.863***	5.863***	5.863***
	(1.462)	(0.577)	(0.577)	(0.577)	(0.577)
控制变量	NO	YES	YES	YES	YES
N	510	510	510	510	510
沃尔德统计量	4.04	133.92	133.92	133.92	133.92

注：***、**分别表示1%、5%的显著性水平；括号内为异方差稳健标准误差。

10.3.2　变量再度量

除了以对外贸易依存度作为贸易开放度的测度指标外，外商直接投资（*FDI*）流量值和*FDI*密集度也可以作为衡量贸易开放度的指标（Han、Liu和Zhang，2012；Mah，2013；Lee，2017）。因此本章采用*FDI*流量值以及*FDI*密集度作为贸易开放度的度量指标进行稳健性分析。在实际分析中，*FDI*流量值以当年美元汇率折算成人民币，单位为亿元，并对*FDI*流量值取对数；*FDI*密集度（*RFDI*）以*FDI*流量值/*GDP*来表示。

本章还考虑了改变城乡收入不平等的测度方式来进行稳健性检验。本章借鉴王少平和欧阳志刚（2007）的方法，采用泰尔指数来度量我国城乡收入不平等程度以进行稳健性检验。以$THEIL_{it}$表示i省t年的泰尔指数，其计算公式如下：

$$THEIL_{it} = \sum_{j=1}^{2} \left(\frac{P_{ijt}}{P_{it}}\right) \times \ln\left(\frac{P_{ijt}}{P_{it}} \Big/ \frac{Z_{ijt}}{Z_{it}}\right)$$

其中，$j=1，2$ 分别表示城镇和农村地区；P_{ijt} 表示 i 省份 t 年城镇或农村的总收入（以城镇或农村的人口与人均可支配收入或人均纯收入之积来表示），P_{it} 表示 i 省份 t 年的总收入；Z_{ijt} 表示 i 省份 t 年城镇或农村的人口数，Z_{it} 表示 i 省份 t 年的总人口。数据均来源于 2002—2018 年各省统计年鉴。

表 10 - 5 展示了贸易开放度和城乡收入不平等再度量的稳健性检验的回归结果。其中模型（17）～（20）展示了以 *FDI* 和 *RFDI* 重新测度贸易开放度指标的回归结果。结果表明贸易开放度与城乡收入不平等的关系仍然显著为正，即贸易开放对城乡收入不平等具有正向效应，加剧了城乡收入不平等程度，并且经济发展程度的调节作用减弱了贸易开放对城乡收入不平等的影响，证明本章结论具有稳健性。模型（21）给出了以泰尔指数作为衡量城乡收入不平等的指标来进行贸易开放度对城乡收入不平等的影响的实证结果，研究表明贸易开放度对城乡收入不平等仍然存在显著的正向效应，即贸易开放加剧了城乡收入不平等；同时，贸易开放度与经济发展程度的交互项的参数估计值为负值，这说明随着经济发展程度的提高，贸易开放对城乡收入不平等的影响在减弱，同样也证明了本章的结论具有稳健性。

表 10 - 5　基于变量再度量的回归结果

变量	INEQ				THEIL
	(17)	(18)	(19)	(20)	(21)
ln*FDI*	0.228***	0.125***			
	(0.028)	(0.019)			
ln*FDI* × *GDP*	−0.038***	−0.019***			
	(0.005)	(0.004)			
RFDI			7.738**	4.780**	
			(2.922)	(1.837)	

续表

变量	INEQ				THEIL
	(17)	(18)	(19)	(20)	(21)
$RFDI \times GDP$			-1.390^{***}	-0.591^{**}	
			(0.440)	(0.232)	
$OPEN$					0.175^{*}
					(0.100)
$OPEN \times GDP$					-0.074^{***}
					(0.026)
GDP	0.431^{***}	0.211^{***}	0.295^{***}	0.112^{***}	0.011^{*}
	(0.034)	(0.037)	(0.022)	(0.029)	(0.007)
控制变量	NO	YES	NO	YES	YES
常数项	YES	YES	YES	YES	YES
省份固定效应	YES	YES	YES	YES	YES
N	510	510	510	510	510
R^2	0.908	0.949	0.820	0.938	0.627

注: ***、**、* 分别表示 1%、5%、10% 的显著性水平；括号内为异方差稳健标准误差。

10.4　异质性分析

本节首先将贸易开放分为出口贸易开放和进口贸易开放，以探究贸易开放异质性对城乡收入不平等的影响，其次选取中国 26 个省（直辖市、自治区）分为东部、中部和西部三个区域实证分析在区域异质性下，贸易开放、经济发展与城乡收入不平等之间的相关关系。

10.4.1　贸易开放异质性

上节分析了总贸易开放度对城乡收入不平等的影响，本节将贸易开放度分为出口贸易开放度和进口贸易开放度来分析比较其对城乡收入不平等的影响。表 10－6 展示了出口贸易开放度和进口贸易开放度对城乡收入不平等作用的回归结果。出口贸易开放度和进口贸易开放度均是导致中国城乡收入不平等的重要因素，模型（13）和模型（14）分别展示了通过最小二乘法和两阶段最小二乘法回归估计出口贸易开放度与城乡收入差距的参数估计结果，结果表明出口贸易开放度对城乡收入不平等具有显著的正向效应，特别是克服了内生性问题之后，出口贸易开放度对城乡收入不平等的加剧作用更大，同时经济发展程度与出口贸易开放度的交互项的参数估计值为负值，说明随着经济发展程度的提高，出口贸易开放度对城乡收入不平等的影响有所减弱。模型（15）和模型（16）分别展示了使用最小二乘法和两阶段最小二乘法对进口贸易开放度与城乡收入不平等进行回归的参数估计结果，结果表明进口贸易开放度对城乡收入不平等具有显著的正向效应，但是出口贸易开放度对加剧城乡收入不平等的作用比进口贸易开放度的作用要明显，说明出口贸易开放度对城乡收入不平等的影响更大。

这很有可能是由于我国出口贸易的高技术含量比进口贸易提高幅度更大一些，2005 年中国出口的高技术产品超过低技术产品，并且出口的高技术产品所占份额不断上升（魏浩和刘吟，2011）。从这个角度分析，高技术产品出口更需要高技能劳动力，因此对高技能劳动力的需求上升，从而导致高技能劳动力的报酬提高，低技能劳动力的报酬就会相对降低，进而更大程度地拉大了高技能和低技能劳动力的收入差距。由于城市与农村的资源禀赋的差异以及资本和劳动力的要素错配，城市居民大部分相对为高技能劳动力，而农村居民大部分相对为低技能劳动力，因此出口贸易开放比进口贸易开放更加明显地加剧了城乡收入的不平等。

表 10 - 6　基于贸易开放异质性的回归结果

变量	(13)	(14)	(15)	(16)
	OLS	2SLS	OLS	2SLS
EXOPEN	0.876 ***	8.577 ***		
	(0.230)	(3.023)		
EXOPEN × *GDP*	-0.177 ***	-2.946 ***		
	(0.056)	(0.804)		
IMOPEN			0.522 **	5.622 ***
			(0.244)	(2.165)
IMOPEN × *GDP*			-0.073 **	-2.042 ***
			(0.036)	(0.509)
GDP	0.134 ***	0.716 ***	0.107 ***	0.279 ***
	(0.026)	(0.144)	(0.028)	(0.072)
常数项	7.673 ***	5.422 ***	7.609 ***	5.936 ***
	(0.138)	(0.762)	(0.140)	(0.564)
控制变量	YES	YES	YES	YES
省份固定效应	YES	YES	YES	YES
N	510	510	510	510
R^2	0.942	—	0.936	—

注：***、** 分别表示 1%、5% 的显著性水平；括号内为异方差稳健性标准误差。

10.4.2　区域异质性

由于我国存在区域经济发展不协调问题，并且经济发展呈现典型的区域特征，考虑到不同区域的回归结果可能有所不同，本章将样本数据分为东部、中部、西部❶以分别考察贸易开放度对城乡收入不平等的影响。表 10 - 7 展示了基于区域异质性的稳健

❶ 基于统计核算的视角，本文的东部、中部、西部地区具体划分为：东部省份包括江苏、浙江、广东、福建、河北、山东、辽宁和海南；中部地区包括山西、河南、安徽、江西、湖北、湖南、吉林和黑龙江；西部省份包括广西、四川、云南、贵州、内蒙古、陕西、甘肃、青海、宁夏和新疆。不包括北京、天津、上海、重庆和西藏。

性检验结果。由表 10 - 7 中的参数估计结果可看出，将样本分为东部、中部和西部的回归结果与全国数据的回归结果基本保持一致：贸易开放对城乡收入不平等具有显著的正向效应，加剧了城乡收入不平等的程度，并且经济发展程度在贸易开放对城乡收入不平等的影响过程中具有显著调节效应，即经济发展程度减弱了贸易开放对城乡收入不平等的影响。因此，本章结论是稳健的。但具体回归系数值在东部、中部、西部地区有所不同，贸易开放对城乡收入不平等程度的加剧作用在中部最大，西部次之，而东部明显低于中部、西部。这很可能是由于东部经济发展更迅速，资源禀赋更丰富，要素错配程度更低，农村劳动力向城市迁移程度更高，导致贸易开放对于城乡收入不平等的扩大作用明显比中部、西部低。

表 10 - 7　基于区域异质性的回归结果

变量	INEQ（城乡收入不平等）			
	全国	东部	中部	西部
OPEN	2.826**	2.622***	27.549***	24.268**
	(1.180)	(0.886)	(8.733)	(9.566)
OPEN × GDP	-1.137***	-0.776***	-11.000***	-4.594*
	(0.291)	(0.257)	(3.410)	(2.429)
GDP	0.417***	0.639***	1.269***	0.913***
	(0.073)	(0.141)	(0.351)	(0.267)
常数项	5.863***	8.327***	4.526***	6.320***
	(0.577)	(0.334)	(0.913)	(0.960)
控制变量	YES	YES	YES	YES
省份固定效应	YES	YES	YES	YES
N	510	135	136	170
R^2	0.988	0.999	0.997	0.996

注：***、**、*分别表示1%、5%、10%的显著性水平；括号内为异方差稳健性标准误差。

10.5　进一步分析

上述研究表明，贸易开放与城乡收入不平等密切相关，且贸易开放显著加剧了城乡收入不平等的程度。然而，上述研究的重点在于贸易开放对总体城乡收入不平等的影响，以上回归分析重点都是进行均值解构，而均值是收入分布的一个概括性统计量，没有考虑到贸易开放对收入不平等分布在不同分位点上的影响差异。为了进一步讨论城乡收入不平等的内部结构以及了解其分布特征，本节利用条件分位数回归来研究各个分位点上贸易开放对城乡收入不平等的影响。表 10 - 8 展示了 90 ~ 10 分位数的回归结果。

表 10 - 8　条件分位数回归结果

变量	INEQ（城乡收入不平等）				
	Q10	Q25	Q50	Q75	Q90
OPEN	0. 265 *	0. 244 **	0. 174 **	0. 303 ***	0. 306 ***
	(0. 144)	(0. 103)	(0. 081)	(0. 079)	(0. 089)
OPEN × GDP	− 0. 086 *	− 0. 059 ***	− 0. 056 ***	− 0. 103 ***	0. 097 ***
	(0. 046)	(0. 020)	(0. 015)	(0. 014)	(0. 016)
GDP	0. 228 ***	0. 256 ***	0. 228 ***	0. 211 ***	0. 118 ***
	(0. 021)	(0. 017)	(0. 022)	(0. 025)	(0. 030)
常数项	7. 945 ***	7. 914 ***	7. 674 ***	7. 904 ***	7. 792 ***
	(0. 282)	(0. 173)	(0. 178)	(0. 130)	(0. 166)
控制变量	YES	YES	YES	YES	YES
N	510	510	510	510	510

注：***、**、* 分别表示 1%、5%、10% 的显著性水平；括号内为异方差稳健性标准误差。

从表 10 - 8 的条件分位数回归结果来看，贸易开放对城乡收入不平等分布的不同分位点上均具有显著的正向效应，这进一步证实了本章结论的稳健性。贸易开放的边际效应随着城乡收入不平等分布分位点的上升呈现先递减后递增的倾向，其边际效应在城乡收入不平等的中位数分布上是最低的。这说明,在城乡收入不平等的高端部分,贸易开放对城乡收入不平等的加剧作用通常会更大一些,并且贸易开放对城乡收入不平等的条件分布两端的正向影响大于对其中间部分的正向影响。但是,贸易开放在10、25、75和90分位点的参数估计系数均比较接近,这意味着贸易开放对城乡收入不平等分布的不同分位点的影响的差异并不是很大。同时,经济发展程度与贸易开放的交互项的参数估计系数在不同分位点上都显著为负值,这进一步验证了经济发展程度的调节作用,以及经济发展程度在贸易开放对城乡收入不平等的影响中的弱化作用。因此,进一步需要讨论的问题是,贸易开放对城乡收入不平等分布在不同分位点上影响差异的原因和影响机制,以及在解构了条件分位数回归之后,如何利用无条件分位数回归的方法来剖析在贸易开放的影响下城乡收入不平等分布特征的嬗变和差异。

第 11 章　结论与政策建议

11.1　研究结论

　　本篇在回顾贸易开放和城乡收入不平等的相关研究的基础上，将经济发展纳入贸易开放与城乡收入不平等的研究框架中，并在分析了贸易开放、经济发展与城乡收入不平等的现状后，通过理论分析贸易开放、经济发展和城乡收入不平等可能存在的相关关系。在实证部分，本篇利用 2001—2017 年中国 30 个省（直辖市、自治区）的面板数据，运用逐步回归法、工具变量法和条件分位数回归方法对贸易开放和经济发展影响城乡收入不平等的程度进行实证分析，并且引入交互项探讨经济发展在贸易开放影响城乡收入不平等过程中的调节效应。主要的研究结论包括以下三个方面。

　　第一，贸易开放和经济发展对城乡收入不平等具有显著的加剧作用，并且验证了经济发展的调节效应，经济发展显著降低了贸易开放对城乡收入不平等的扩大影响，经济发展水平的提高能够有效缓解贸易开放对城乡收入不平等的加剧性作用，从而在贸易开放程度深化以及经济发展水平提高的共同作用下缩小城乡收入不平等。此外，人力资本水平、城市化水平和政府财政支出规模显著扩大了城乡收入不平等，这很有可能源于各种偏向城市的经济政策，而老龄化的人口年龄结构显著缩小了城乡收入不平等。为了克服贸易开放度的内生性隐忧，本篇借鉴余淼杰

（2011）和 Topalova（2007）的方法，通过构建各省份的关税率水平作为贸易开放度的工具变量，并且检验了该工具变量的有效性，降低了回归结果带来的偏误，运用 2SLS、LIML、GMM、IGMM 方法进行实证检验后，以上结论仍然成立。为了进一步验证研究结论的稳健性，本篇还采取了变量再度量的方法进行稳健性检验，不仅将外商直接投资和 FDI 密集度作为贸易开放度的度量指标进行稳健性检验，还借鉴王少平和欧阳志刚（2007）的方法，采用泰尔指数作为城乡收入不平等的度量指标进行稳健性检验，结果表明本篇结论具有稳健性。

第二，在异质性分析中，分别从贸易开放异质性和区域异质性两个层面进行实证检验。将贸易开放度分为出口贸易开放度和进口贸易开放度的解构表明，出口贸易开放和进口贸易开放均加剧了城乡收入不平等，并且出口贸易开放度对城乡收入不平等程度的加剧作用比进口贸易开放度更明显，同时经济发展水平能够有效调节出口和进口贸易开放对城乡收入不平等的扩大作用，从而达到缩小城乡收入不平等的调节作用，并且经济发展的调节效应在出口贸易开放扩大城乡收入不平等作用中更明显。通过将全国样本分为东部、中部、西部三个区域进行区域异质性分析的结果表明，东部、中部和西部的贸易开放均加剧了城乡收入不平等，就不同区域贸易开放和经济发展对该区域城乡收入不平等的影响程度从大到小依次为中部、西部、东部，并且经济发展在中国三大区域均具有显著的调节效应，贸易开放和经济发展的协同作用在东部、中部、西部均发挥了缩小城乡收入不平等的效果。

第三，考虑到贸易开放对城乡收入不平等分布不同分位点上的影响差异，进一步通过条件分位数回归研究城乡收入不平等分布的不同分位点上贸易开放程度的边际效应，发现贸易开放同样具有加剧城乡收入不平等的效应，并且在城乡收入不平等分布的两端的影响程度更大。而经济发展水平对在 25 分位点上的城乡收入不平等的加剧性影响最大，反而对在 90 分位点上的城乡收入不平等的扩大作用相对最低。同时，进一步验证了经济发展存在的调节效应，经济发展在 75 分位点上的城乡收入不平等发挥的调节效应最大。

11.2 政策建议

基于本篇的主要研究结论，提出以下政策建议：

第一，在不断加快贸易开放进程下，注重经济发展的调节效应，缓解城乡收入不平等。从中国贸易开放影响城乡收入不平等的实证结果来看，贸易开放似乎并不利于城乡收入不平等的缓解。但我们不能主观地认为城乡收入不平等的扩大主要来源于贸易开放，城乡收入不平等的扩大是在贸易开放下经济社会的多维因素作用的结果，我们应客观解构贸易开放在城乡收入不平等中扮演的角色，从贸易开放对城乡收入不平等净效应中挖掘有利因素，积极发挥贸易开放中有利于缩小城乡收入不平等的作用。贸易开放能够给国内带来先进技术、高新技术设备和管理经验等资源，有利于知识和技能的扩散，以促进城市居民和农村居民收入的均等化，并且经济发展在贸易开放影响城乡收入不平等中存在显著的调节效应，根据经济增长机制，经济发展到一定程度，能够缩小城乡收入不平等，而经济发展与贸易开放的协同作用能够显著缩小城乡收入不平等。因此，我们应主动参与和推动经济全球化进程，推动形成全面开放新格局，发展更高层次的开放性经济，促进经济高质量发展，缓解城乡收入不平等。

第二，持续完善中国贸易结构，改善城乡收入不平等。在我国贸易结构中，虽然工业制成品不断发展，中国已成为制造业大国，但中国劳动力从事加工贸易的比例相对较高，尤其是属于低技术劳动力的农村劳动者大量进城从事加工制造业，并且劳动力价格比较低，且工资在长期还存在"恩格斯停顿"状况。我国贸易结构仍然处于较为低层次状态，因此应该促进中国从贸易产量大国转向贸易质量大国，培育贸易新业态、新模式，推进贸易强国建设，提高劳动力市场中高技术劳动力的需求，加快建设学习型社会，促使低技能劳动力进行相关技能的获取，向技术型劳动力转型，从而缩小城乡收入不平等。

第三，注重区域协调发展，缩小区域性城乡收入不平等。由中国贸易开放和经济发展的区域现状分析可知，中国东部贸易开放和经济发展与中部、西部贸易开放和经济发展存在较大的差异，存在较严重的区域贸易与经济不平衡发展隐忧。从实证分析结果来看，东部贸易开放对城乡收入不平等的加剧性影响要比中部、西部小得多，这在很大程度上可能是由于东部经济发展水平远远超过中部和西部的经济发展水平。因此，我们应在继续深化东部沿海地区开放的基础上，建立健全管理运行机制，不断壮大我国经济实力和综合国力。同时，应优化区域开放布局，加大中部、西部开放力度，在中部、西部建立自由贸易试验区，并给予更大的改革自主权。最后，政府应对中部、西部制定有利于提高农民收入的贸易政策，并大力扶持当地有利于农民的相关政策，从而缩小城乡收入差距。

第四，政府应加大对农村劳动力的培训和技能提升的资金投入，健全高技能人才培养体制，缩小城乡收入不平等。中国制造业和服务业的发展正向中高端水平迈进，对劳动者素质和技能提出了更高要求。然而，在我国技术工人群体和劳动力市场中仍然存在一些深层次结构性矛盾，例如，高技能劳动者供给不足；劳动者的能力和水平还跟不上技术进步和产业结构升级的快速嬗变；高技能劳动者的供给与企业、市场的最新需求并不匹配。这些结构性矛盾进一步扩大了城乡收入不平等程度，亟待解决。因此，政府应竭力破除妨碍劳动力、人才社会性流动的体制机制障碍，健全技能人才培养，尤其是在以低技能劳动力为主的农村劳动力的相关培训和技能提升途径方面，应加大资金投入，建立激励机制以畅通技能人才职业发展通道。同时，要凝聚市场、企业和学校等多方的力量，推动城乡义务教育一体化发展，高度重视农村义务教育，促使大量农村低技能劳动力成为高技能人才，并履行好政府收入再分配职能，从而缩小城乡收入不平等。

参考文献

柏培文，杨志才. 2019. 中国二元经济的要素错配与收入分配格局 [J]. 经济学（季刊），18（2）：639 – 660.

陈玉宇，吴玉立. 2008. 信息化对劳动力市场的影响：个人电脑使用回报率的估计 [J]. 经济学（季刊），（4）：1149 – 1166.

程立茹. 2013. 互联网经济下企业价值网络创新研究 [J]. 中国工业经济，（9）：82 – 94.

曹裕，陈晓红，马跃如. 2010. 城市化，城乡收入差距与经济增长：基于我国省级面板数据的实证研究 [J]. 统计研究，27（3）：29 – 36.

戴觅，余淼杰，Madhura Maitra. 2014. 中国出口企业生产率之谜：加工贸易的作用 [J]. 经济学（季刊），13（2）：675 – 698.

范爱军，卞学宇. 2013. 服务贸易与货物贸易对我国收入差距扩大的影响及比较 [J]. 国际贸易问题，（6）：98 – 105.

郭家堂，骆品亮. 2016. 互联网对中国全要素生产率有促进作用吗？[J]. 管理世界，（10）：34 – 49.

韩先锋，宋文飞，李勃昕. 2019. 互联网能成为中国区域创新效率提升的新动能吗 [J]. 中国工业经济，（7）：119 – 136.

侯欣裕，陈璐瑶，孙浦阳. 2020. 市场重合、侵蚀性竞争与出口质量 [J]. 世界经济，43（3）：93 – 116.

黄玖立，冯志艳. 2017. 用地成本对企业出口行为的影响及其作用机制 [J]. 中国工业经济，（9）：100 – 118.

黄群慧，余泳泽，张松林．2019．互联网发展与制造业生产率提升：内在机制与中国经验［J］．中国工业经济，（8）：5－23．

胡超．2008．对外贸易与收入不平等：基于我国的经验研究［J］．国际贸易问题，（3）：22－27．

胡晶晶，黄浩．2013．二元经济结构、政府政策与城乡居民收入差距：基于中国东、中、西部地区省级面板数据的经验分析［J］．财贸经济，（4）：121－129．

胡文骏．2017．财政支出、贸易开放与收入分配［J］．财贸经济，38（12）：35－50．

胡超．2008．对外贸易与收入不平等：基于我国的经验研究［J］．国际贸易问题，（3）：22－27．

何大安．2018．互联网应用扩张与微观经济学基础：基于未来"数据与数据对话"的理论解说［J］．经济研究，53（8）：177－192．

靳涛，李帅．2015．中国城乡收入差距扩大化是内殖于体制吗？［J］．经济学动态，（2）：33－44．

卢晶亮．2018．城镇劳动者工资不平等的演化：1995—2013［J］．经济学（季刊），17（4）：1305－1328．

李兵，李柔．2017．互联网与企业出口：来自中国工业企业的微观经验证据［J］．世界经济，40（7）：102－125．

李兵，岳云嵩．2020．互联网与出口产品质量：基于中国微观企业数据的研究［J］．东南大学学报（哲学社会科学版），22（1）：60－70，147．

李海舰，田跃新，李文杰．2014．互联网思维与传统企业再造［J］．中国工业经济，（10）：135－146．

李春顶，陆菁，何传添．2019．最优关税与全球贸易自由化的内生动力［J］．世界经济，42（2）：72－96．

李丹，裴育．2019．城乡公共服务差距对城乡收入差距的影响研究

［J］. 财经研究，45（4）：111 - 123，139.

李清如，蒋业恒，董鹏馥. 2014. 贸易自由化对行业内工资不平等的影响：来自中国制造业的证据［J］. 财贸经济，（2）：85 - 95.

刘灿雷，王永进. 2019. 上游行政管制与中国企业出口行为：基于垂直生产供应链的视角［J］. 财经研究，45（4）：140 - 152.

刘海洋，高璐，林令涛. 2020. 互联网、企业出口模式变革及其影响［J］. 经济学（季刊），19（1）：261 - 280.

刘铠豪，王雪芳. 2020. 税收负担与企业出口行为：来自世界银行中国企业调查数据的证据［J］. 财经研究，46（9）：33 - 47.

刘生龙，胡鞍钢. 2010. 基础设施的外部性在中国的检验：1988—2007［J］. 经济研究，45（3）：4 - 15.

刘斌，李磊. 2012. 贸易开放与性别工资差距［J］. 经济学（季刊），11（2）：429 - 459.

刘贯春. 2017. 金融结构影响城乡收入差距的传导机制：基于经济增长和城市化双重视角的研究［J］. 财贸经济，38（6）：98 - 114.

刘晓光，张勋，方文全. 2015. 基础设施的城乡收入分配效应：基于劳动力转移的视角［J］. 世界经济，（3）：145 - 170.

刘渝琳，滕洋洋，李后建. 2010. FDI 的流入必然会扩大城乡收入差距吗？［J］. 世界经济研究，（8）：63 - 68 + 89.

陆铭，陈钊. 2004. 城市化、城市倾向的经济政策与城乡收入差距［J］. 经济研究，6（3）：50 - 58.

罗楚亮. 2018. 城镇居民工资不平等的变化：1995—2013 年［J］. 世界经济，41（11）：25 - 48.

吕炜，高飞. 2013. 城镇化、市民化与城乡收入差距：双重二元结构下市民化措施的比较与选择［J］. 财贸经济，（12）：38 - 46，93.

马淑琴, 谢杰 . 2013. 网络基础设施与制造业出口产品技术含量: 跨国数据的动态面板系统 GMM 检验 [J]. 中国工业经济, (2): 70 - 82.

毛其淋, 盛斌 . 2014. 贸易自由化与中国制造业企业出口行为: "入世" 是否促进了出口参与? [J]. 经济学 (季刊), 13 (2): 647 - 674.

马述忠, 王笑笑 . 2015. 出口与异质性对中国企业工资差异的影响: 基于 HIR 模型的理论拓展及实证分析 [J]. 国际贸易问题, (11): 15 - 26.

毛日昇 . 2009. 出口、外商直接投资与中国制造业就业 [J]. 经济研究, 44 (11): 105 - 117.

聂辉华, 江艇, 杨汝岱 . 2012. 中国工业企业数据库的使用现状和潜在问题 [J]. 世界经济, 35 (5): 142 - 158.

欧阳志刚 . 2014. 中国城乡经济一体化的推进是否阻滞了城乡收入差距的扩大 [J]. 世界经济, 37 (2): 116 - 135.

裴长洪, 刘洪愧 . 2020. 中国外贸高质量发展: 基于习近平百年大变局重要论断的思考 [J]. 经济研究, 55 (5): 4 - 20.

沈国兵, 袁征宇 . 2020. 互联网化、创新保护与中国企业出口产品质量提升 [J]. 世界经济, 3 (11): 127 - 151.

盛丹, 包群, 王永进 . 2011. 基础设施对中国企业出口行为的影响: "集约边际" 还是 "扩展边际" [J]. 世界经济, 34 (1): 17 - 36.

施炳展, 李建桐 . 2020. 互联网是否促进了分工: 来自中国制造业企业的证据 [J]. 管理世界, 36 (4): 130 - 149.

施炳展 . 2016. 互联网与国际贸易: 基于双边双向网址链接数据的经验分析 [J]. 经济研究, 51 (5): 172 - 187.

施炳展, 邵文波 . 2014. 中国企业出口产品质量测算及其决定因素: 培育出口竞争新优势的微观视角 [J]. 管理世界, (9):

90 – 106.

石大千，李格，刘建江．2020．信息化冲击、交易成本与企业 TFP：基于国家智慧城市建设的自然实验［J］．财贸经济，41 （3）：117 – 130.

沈颖郁，张二震．2011．对外贸易、FDI 与中国城乡收入差距 ［J］．世界经济与政治论坛，（6）：136 – 147.

王海成，许和连，邵小快．2019．国有企业改制是否会提升出口产品质量［J］．世界经济，42（3）：94 – 117.

吴延兵．2012．中国哪种所有制类型企业最具创新性？［J］．世界经济，35（06），3 – 25，28 – 29，26 – 27.

万广华，陆铭，陈钊．2005．全球化与地区间收入差距：来自中国的证据［J］．中国社会科学，（3）：17 – 26，205.

万海远，李实．2013．户籍歧视对城乡收入差距的影响［J］．经济研究，48（09）：43 – 55.

王建康，谷国锋，姚丽．2015．城市化进程、空间溢出效应与城乡收入差距：基于 2002—2012 年省级面板数据［J］．财经研究，（5）：55 – 66.

王少平，欧阳志刚．2007．我国城乡收入差距的度量及其对经济增长的效应［J］．经济研究，42（10）：44 – 55.

魏浩，耿园．2015．对外贸易与中国的城乡收入差距［J］．世界经济研究，（7）：89 – 99.

魏浩，刘吟．2011．对外贸易与国内收入差距：基于全球 125 个国家的实证分析［J］．统计研究，28（8）：34 – 42.

魏浩，赵春明．2012．对外贸易对我国城乡收入差距影响的实证分析［J］．财贸经济，（1）：78 – 86.

吴万宗，徐娟．2017．中国工业出口强度与工资残差不平等：基于中国综合社会调查数据的分析［J］．财贸经济，38（05）：112 – 128.

谢莉娟. 2015. 互联网时代的流通组织重构：供应链逆向整合视角 [J]. 中国工业经济，(4)：44 - 56.

谢冬水. 2017. 土地供给的城乡收入分配效应：基于城市化不平衡发展的视角 [J]. 南开经济研究，(2)：76 - 95.

许家云，毛其淋，胡鞍钢. 2017. 中间品进口与企业出口产品质量升级：基于中国证据的研究 [J]. 世界经济，40 (3)：52 - 75.

许家云，佟家栋，毛其淋. 2015. 人民币汇率、产品质量与企业出口行为：中国制造业企业层面的实证研究 [J]. 金融研究，(3)：1 - 17.

许家云. 2019. 互联网如何影响工业结构升级：基于互联网商用的自然实验 [J]. 统计研究，36 (12)：55 - 67.

徐晓慧. 2014. FDI 与城乡收入差距 [J]. 国际经贸探索，30 (1)：17 - 31.

阳佳余. 2012. 融资约束与企业出口行为：基于工业企业数据的经验研究 [J]. 经济学（季刊），11 (4)：1503 - 1524.

叶娇，和珊，赵云鹏. 2018. 网络技术应用与企业出口质量提升：基于微观数据的分析 [J]. 国际贸易问题，(11)：59 - 73.

杨继东，江艇. 2012. 中国企业生产率差距与工资差距：基于 1999—2007 年工业企业数据的分析 [J]. 经济研究，(2)：81 - 93.

杨楠，马绰欣. 2014. 我国金融发展对城乡收入差距影响的动态倒 U 演化及下降点预测 [J]. 金融研究，(11)：175 - 190.

余淼杰. 2011. 加工贸易、企业生产率和关税减免：来自中国产品面的证据 [J]. 经济学（季刊），10 (4)：1251 - 1280.

袁冬梅，魏后凯，杨焕. 2011. 对外开放、贸易商品结构与中国城乡收入差距：基于省际面板数据的实证分析 [J]. 中国软科学，(6)：47 - 56.

张杰. 2015. 金融抑制、融资约束与出口产品质量 [J]. 金融研究, (6)：64 – 79.

钟腾龙, 余淼杰. 2020. 外部需求、竞争策略与多产品企业出口行为 [J]. 中国工业经济, (10)：119 – 137.

祝树金, 汤超. 2020. 企业上市对出口产品质量升级的影响：基于中国制造业企业的实证研究 [J]. 中国工业经济, (2)：117 – 135, 1 – 8.

赵晓霞. 2010. 对外贸易、FDI 与中国城乡居民收入结构变化的对比研究：来自中国省际面板数据的证据 [J]. 国际贸易问题, (9)：22 – 27.

郑新业, 张阳阳, 马本, 等. 2018. 全球化与收入不平等：新机制与新证据 [J]. 经济研究, 53 (8)：132 – 146.

ANWAR S, SUN S, 2012. Trade liberalization, market competition and wage inequality in China's manufacturing sector [J]. Economic Modelling, 29 (4)：1268 – 1277.

AMITI M, KHANDELWAL A K, 2013. Import competition and quality Upgrading [J]. The Review of Economics and Statistics, 2：476 – 490.

AMIT K, Khandelwal, Peter K, 2013. Schott and Shang – Jin Wei. Trade Liberalization and Embedded Institutional Reform：Evidence from Chinese Exporters [J]. The American Economic Review, 103 (6)：2169 – 2195.

BASCO S, MESTIERI M, 2013. Heterogeneous trade costs and wage inequality：A model of two globalizations [J]. Journal of International Economics, 89 (2)：393 – 406.

BASU S, FERNALD J, 2010. Information and communications technology as a general – purpose technology：evidence from U. S. industry data [J]. German Economic Review, 8 (2)：146 – 173.

BRANDT L, VAN BIESEBROECK J, ZHANG Y, et al. , 2012. Creative Accounting or Creative Destruction? Firm – Level Productivity Growth in Chinese. manufacturing [J]. Journal of Development Economics, 97 (2): 339 – 351.

BRODA C, WEINSTEIN D E, 2006. globalization and the gains from variety [J]. The Quarterly Journal of Economics, 121 (2): 541 – 585.

CASTELLó – CLIMENT A, 2010. Inequality and growth in advanced economies: an empirical investigation [J]. The Journal of Economic Inequality, 8 (3): 293 – 321.

CASTILHO M, MENéNDEZ M, Sztulman A, 2012. Trade liberalization, inequality, and poverty in Brazilian states [J]. World Development, 40 (4): 821 – 835.

CLEMONS E K, ROW M C, 1992. Information technology and industrial cooperation: the changing nature of coordination and ownership [J]. Journal of Management and Information Systems, 9 (2): 9 – 28.

DUNNEWIJK T, HULTEN S, 2007. A Brief history of mobile communication in Europe [J]. Telematics and Informatics, 24 (3): 164 – 179.

EGGER H, KREICKEMEIER U, 2012. Fairness, trade, and inequality [J]. Journal of International Economics, 86 (2): 184 – 196.

EZCURRA R, RODRíGUEZ – POSE A, 2013. Does economic globalization affect regional inequality? A cross – country analysis [J]. World Development, 52: 92 – 103.

EZCURRA R, RODRíGUEZ – POSE A, 2014. Trade openness and spatial inequality in emerging countries [J]. Spatial Economic Analysis, 9 (2): 162 – 182.

FOELLMI R, OECHSLIN M, 2010. Market imperfections, wealth inequality, and the distribution of trade gains [J]. Journal of International Economics, 81 (1): 15 – 25.

FEENSTRA R C, 1989. Symmetric pass – through of tariffs and exchange Rates under imperfect competition: an empirical test [J]. Journal of International Economics, 27 (1) : 25 – 45.

GROSSMAN G M, HELPMAN E, 2018. Growth, trade and inequality [J]. Econometrica, 86 (1): 37 – 83.

HALTER D, OECHSLIN M, Zweimüller J, 2014. Inequality and growth: the neglected time dimension [J]. Journal of Economic Growth, 19 (1): 81 – 104.

HAN J, LIU R, ZHANG J, 2012. Globalization and wage inequality: Evidence from urban China [J]. Journal of International Economics, 87 (2): 288 – 297.

HIGGINS M, WILLIAMSON J G, 2002. Explaining Inequality the World Round [J]. Japanese Journal of Southeast Asian Studies, 40 (3): 268 – 302.

JAUMOTTE F, LALL S, Papageorgiou C, 2013. Rising income inequality: technology or trade and financial globalization? [J]. IMF Economic Review, 61 (2): 271 – 309.

KALINA MANOVA, WEI SHANG JIN, ZHANG ZHI WEI, 2015. Firm exports and multinational activity Under credit constraints [J]. Review of Economics and Statistics, 97 (3).

KUHN P M, 2010. Skuterud Internet Job Search and Unemployment Durations [J]. American Economic Review, 94: 218 – 232.

KUHN P M, 2010. Skuterud Internet Job Search and Unemployment Durations [J]. American Economic Review, 94: 218 – 232.

LESSMANN C, 2013. Foreign direct investment and regional

inequality: A panel data analysis [J]. China Economic Review, 24: 129 – 149.

LESSMANN C, 2014. Spatial inequality and development – Is there an inverted – U relationship? [J]. Journal of development economics, 106: 35 – 51.

LITAN, ROBERT E, ALICE M, 2001. Rivlin. Projecting the economic impact of the internet [J]. American Economic Review, 91 (2): 313 – 317.

LU Y J, WANG, ZHU L, 2015. Do place – based policies work? micro – level evidence from China's economic zone program [R]. SSRN Working Paper.

LEE S, 2017. International trade and within – sector wage inequality: The case of South Korea [J]. Journal of Asian Economics, 48: 38 – 47.

MAH J S, 2013. Globalization, decentralization and income inequality: The case of China [J]. Economic Modelling, 31: 653 – 658.

MOLERO – SIMARRO R, 2017. Inequality in China revisited. The effect of functional distribution of income on urban top incomes, the urban – rural gap and the Gini index, 1978—2015 [J]. China Economic Review, 42: 101 – 117.

MAYER, THIERRY, MARC J, 2014 MELITZ, Gianmarco I. P. Ottaviano. Market size, competition, and the product mix of exporters [J]. American Economic Review, 104 (2): 495 – 536.

MELITZ M J, Ottaviano G I, 2008. Market size, Trade and productivity [J]. The Review of Economic Studies, 75 (1): 295 – 316.

MAH J S, 2013. Globalization, decentralization and income inequality: The case of China [J]. Economic Modelling, 31: 653 – 658.

RAMONDO N, RODRíGUEZ - CLARE A, 2010. Growth, size and openness: A quantitative approach [J]. American Economic Review, 100 (2): 62 - 67.

RODRíGUEZ - POSE A, 2012. Trade and regional inequality [J]. Economic Geography, 88 (2): 109 - 136.

ROSENBAUM P R, RUBIN D B, 1985. Constructing a control group using multivariate matched sampling methods that incorporate the propensity score [J]. American Statistician, 39 (1): 33 - 38.

SICUIAR T, XIMING Y, GUSTAFSSON B, et al. , 2007. The urban-rural income gap and inequality in China [J]. Review of Income and Wealth, 53 (1): 93 - 126.

SILVEIRA - NETO R M, Azzoni C R, 2012. Social policy as regional policy: market and nonmarket factors determining regional inequality [J]. Journal of Regional Science, 52 (3): 433 - 450.

SHAO B B, LIN W T, 2001. Measuring the value of information technology in technical efficiency with Stochastic production frontiers [J]. Information and Software Technology, 43: 447 - 456.

SMITH J A, Todd P E, 2005. Does Matching Overcome LaLonde's Critique of Nonexperimental Estimators [J] . Journal of Econometrics, 125 (1) : 305 - 353.

SICULAR T, Ximing Y, Gustafsson B, et al. , 2007. The urban-rural income gap and inequality in China [J]. Review of Income and Wealth, 53 (1): 93 - 126.

THU LE H, BOOTH A L, 2014. Inequality in Vietnamese Urban-Rural Living Standards, 1993—2006 [J]. Review of Income and Wealth, 60 (4): 862 - 886.

TOPAIOVA P, 2007. Trade liberalization, poverty and inequality:

Evidence from indian districts [M] //Globalization and poverty. University of Chicago Press, 291 – 336.

WAN G, LU M, CHEN Z, 2007. Globalization and regional income inequality: empirical evidence from within China [J]. Review of Income and Wealth, 53 (1): 35 – 59.

WEI S J, WU Y, 2001. Globalization and inequality: Evidence from within China [R]. National Bureau of Economic Research.

YU M, 2015. Processing trade, tariff reductions and firm productivity: evidence from Chinese firms [J]. The Economic Journal, 125 (585): 943 – 988.